AMAR É A ÚNICA REVOLUÇÃO

Dados Internacionais de Catalogação na Publicação (CIP)
(Câmara Brasileira do Livro, SP, Brasil)

Grün, Anselm
Amar é a única revolução : a força transformadora do amor a partir das ciências, da filosofia e da religião / Anselm Grün, Gerald Hüther, Maik Hosang ; tradução de Gilberto Calcagnotto. – Petrópolis, RJ : Vozes, 2019.

Título original : Liebe ist die einzige Revolution : Drei Impulse für Ko-Kreativität und Potenzialentfaltung.
Bibliografia
ISBN 978-85-326-5958-3

1. Amor 2. Filosofia social 3. Neurobiologia 4. Teologia. I. Hüther, Gerald. II. Hosang, Maik. III. Título.

18-20004 CDD-128.46

Índices para catálogo sistemático:
1. Amor : Filosofia 128.46

Cibele Maria Dias – Bibliotecária – CRB-8/9427

ANSELM GRÜN | GERALD HÜTHER | MAIK HOSANG

AMAR
É A ÚNICA
REVOLUÇÃO

A força transformadora do amor a partir das ciências, da filosofia e da religião

Tradução de Gilberto Calcagnotto

— VOZES —
NOBILIS

Título do original em alemão: Liebe ist die einzige Revolution – Drei Impulse für Ko-Kreativität und Potenzialentfaltung. – Anselm Grün / Maik Hosang / Gerald Hüther

Direitos de publicação em língua portuguesa – Brasil:
2019, Editora Vozes Ltda.
Rua Frei Luís, 100
25689-900 Petrópolis, RJ
www.vozes.com.br
Brasil

Editoração: Elaine Mayworm
Diagramação: Sheilandre Desenv. Gráfico
Revisão gráfica: Lindsay Viola
Capa: Renan Rivero

ISBN 978-85-326-5958-3 (Brasil)
ISBN 978-3-451-32862-6 (Alemanha)

Editado conforme o novo acordo ortográfico.

Este livro foi composto e impresso pela Editora Vozes Ltda.

Sumário

Pela primeira vez na história,
a sobrevivência física da humanidade
passou a depender de uma radical mudança
psíquica da pessoa.
[...] Se desejarmos aprender a amar, teremos
de proceder exatamente da mesma maneira
com que aprendemos qualquer outra arte,
como a música, a pintura,
o artesanato da madeira ou a arte
da medicina ou a técnica.

Erich Fromm

Introdução

Datam de seis mil anos ou mais as tábuas de argila em que estão gravadas a fogo as inscrições cuneiformes da *Epopeia de Gilgamesh*. Ignorou-se durante muitos séculos ou milênios essa história de amor que veio sendo narrada por nossos antepassados. Esse poema trata da transformação por que passara um selvagem sanguinário e violento que ameaçava a vida dos habitantes da cidade de Uruk. Ele se chamava Enkidu, e o amor de uma mulher o converteu. Quatro mil anos mais tarde, surgiu uma nova grande narrativa da humanidade sobre o quanto pode fazer uma pessoa que ama. Desta feita, a história trata de um homem cujo amor encontrava expressão em seu agir concreto e ultrapassava de longe o que seus contemporâneos conseguiram imaginar. Por esse motivo, eles o consideraram como Filho de Deus, corporificando o amor como princípio divino. Esse amor ao próximo exemplarmente vivido por Jesus Cristo tornou-se o elemento central de um movimento religioso que se expandiu por todo o globo terrestre sob a denominação de cristianismo – num processo muito anterior ao que hoje caracterizamos como globalização. Contudo, essa expansão se deu de forma implacável e em forte contraste com o que, nesse movimento, o Salvador expressara em seu agir e no motivo que o levou à crucificação.

Assim como frequentemente ocorre na história da humanidade, também nesse caso não se superou a discrepância entre aspiração subjetiva e realidade objetiva. O que se fez foi adaptar a aspiração ao modo de agir, o que impediu que se pautasse pelo amor o relacionamento das pessoas consigo mesmas e com as demais. Achou-se consideravelmente mais fácil adaptar a aspiração ao modo de agir costumeiro. Ainda hoje, persistem as teorizações e discussões sem fim sobre o conceito de "amor". Nunca se acaba de analisar, classificar e definir das mais diversas maneiras o que se deve entender por "amor". O resultado de todos esses esforços está compilado em estantes e mais estantes de livros em nossas bibliotecas, além de enciclopédias com muitos volumes, hoje em dia inclusive acessáveis na Wikipédia. Em quase nenhuma disciplina científica fica faltando um especialista que resista à tentação de uma contribuição própria para o tema do amor. Pesquisadores voltados ao estudo da dependência química descrevem o amor como uma estratégia de superação que gera dependência. Teólogos veem-no como princípio universal divino. Sociólogos consideram-no como forma específica de relacionamento social. Especialistas em hormonologia identificam o amor como resultado da secreção de determinados hormônios, particularmente do "hormônio do amor", a oxitocina. Para neurobiólogos, por fim, o amor é ativado por conexões neuronais em rede. Todos esses diversos conhecimentos ou modos de ver têm sido divulgados pela mídia e contam com boa receptividade e admiração por parte do público em geral.

Com tantas concepções de amor na cabeça, qualquer pessoa se vê habilitada a debater qualificadamente com as demais sobre o que se deve entender por amor, ficando assim aparentemente livre da obrigação de refletir se alicerça realmente no amor sua forma de viver, seu relacionamento consigo mesma, sua atitude íntima, sua visão do mundo e, sobretudo, seu agir e relacionar-se com outras pessoas e também com outros seres vivos. Para quem percebe ter deixado de trilhar, de alguma forma, as sendas do amor e busca, por conseguinte, uma justificativa para esse fato, conversas e discussões frequentes sobre o amor tornaram-se, ao que tudo indica, uma atraente estratégia para lidar com o problema.

Portanto, o ponto decisivo para resistir eficazmente às tentativas de escapar à realidade do amor não consiste em saber o que é o amor, mas sim em perceber onde se patenteia o fato de uma pessoa estar realmente buscando seguir o caminho do amor.

O que interessa não é o quanto uma pessoa sabe sobre o amor, mas sim de que maneira concreta ela se exterioriza enquanto alguém que ama, o que ela faz a partir de uma atitude de amor, de que modo se comporta. Isso é o que importa. E é disso que trata este livro.

É por essa razão que escolhemos para esta obra o título um tanto irritante: "Amar é a única revolução" – um reconhecimento decorrente não de nossa cultura cristã ocidental, mas sim da doutrina sobre a sabedoria, própria dos vedas, do budismo e dos mestres de ioga indianos, tal como formulada por Krishnamurti, um dos seus principais representantes, acatado também no mundo ocidental.

À primeira vista, quem não estiver familiarizado com esse modo de pensar oriental sem dúvida se sentirá um tanto desconfortável. De fato, é inicialmente irritante ver o amor colocado em direta conexão com revoluções provocadas pelos humanos.

E assim começamos a nos colocar questões como a seguinte: O que o amor pode realmente levar a efeito? Como torná-lo vivenciável para cada pessoa, de modo a permitir que se compreenda por qual razão aquilo que até hoje consideramos como revolução, de repente, se desmascare como nada mais do que um fenômeno marginal de processos ocorridos unicamente por não se ter efetivado ainda a revolução propriamente dita, ou seja, aquela capaz de evitar o surgimento desses efeitos colaterais?

Uma pessoa que se sente amada tal como é e não por suas realizações faz a experiência de ser considerada importante. Já não precisa esforçar-se para ser vista e estimada por outras pessoas, ser amada por elas. Ela não tem mais que buscar por isso. Não tem necessidade de riqueza nem de poder, reconhecimento ou influência. Tampouco contribui para a distribuição desigual da propriedade, de esferas de poder e influência, nem das estruturas de dominação daí decorrentes. Uma pessoa assim não necessita, por conseguinte, de estruturas repressivas de dominação para defender suas posses e pretensões de poder.

Se todas as pessoas crescessem sentindo-se amadas incondicionalmente, não haveria mais sistemas repressivos de dominação. E, sem estes, não haveria razão para protestos e levantes, ou seja, para aquilo que conhecemos como "revoluções". Então, sim, a convivência humana estaria marcada pelo empenho em promover o bem-estar dos outros, pela procura de apoio para a expansão de seus potenciais, quer dizer, dos talentos e dos dotes que lhes são próprios. Essa seria de fato a única revolução que se precisaria fazer – um processo que possibilita, para um número crescente de pessoas que vivem e se desenvolvem em nosso mundo, sentir-se amadas tais como são e, assim, capacitadas a amarem-se a si mesmas e também a outras pessoas e à natureza de nosso planeta.

Caso se conseguisse expandir o potencial do amor em numerosos indivíduos, talvez começasse a fazer sentido pensar que toda a nossa economia, sociedade e cultura também passariam por uma mudança correspondente. Pois se nos mais diversos setores de atividades as pessoas deixarem de interagir primariamente sob o signo do medo e da concorrência a fim de colaborar de modo "cocriativo", no melhor sentido da palavra, tornar-se-ia possível muito daquilo que as sociedades até hoje existentes só em sonho ousaram almejar.

Nunca uma pessoa sozinha conseguirá descrever como e o que se fazer para alcançar isso. Para tanto, é preciso somar experiências colhidas por pessoas em diferentes setores como possíveis respostas a essas questões.

Neste livro, procuramos reunir os conhecimentos de pelo menos três disciplinas e, assim, lançar os alicerces para esse empreendimento: os da ciência das religiões (Anselm Grün), os da filosofia social (Maik Hosang) e os da neurobiologia (Gerald Hüther). Visto que esses três ramos científicos, a fim de abordar seus respectivos âmbitos da realidade, tradicionalmente empregam conceitos e parâmetros de reflexão muito diferentes, não foi nada fácil reconstruí-los a partir da perspectiva do amor enquanto energia, a qual, em última análise, perpassa todas as realidades. Mesmo assim fica claro que, apesar das diferentes formas de expressão e conceitos, é o mesmo amor criativo fundamental que movimenta e realiza todos os setores e etapas ou níveis da evolução e que, em nós, seres humanos, tem a capacidade de chegar à autoconsciência.

O livro começa com a exposição de Gerald Hüther sobre o significado decisivo do amor para a hominização do macaco. Em seguida, Maik Hosang descreve até que ponto o amor constituiu e constitui o impulso decisivo para as mais interessantes inovações da história da humanidade, no passado e no futuro. Com base nisso, Anselm Grün fecha o círculo com ponderações fundamentais sobre por que o amor é a razão profunda e o mais belo sentido do ser em geral, expondo o modo como a humanidade cada vez mais toma consciência disso no âmbito de religiões e filosofias.

Convidamos cordialmente você, prezada leitora e prezado leitor, a acompanhar-nos nessa acumulação de conhecimentos e experiências sobre a maneira de desenvolver eficazmente o potencial do amor em nosso mundo de hoje.

Dominamos a energia do vento,
dos mares e do sol.
Mas no dia em que o ser humano aprender
a lidar com a energia do amor, este
conhecimento será tão importante como foi
a descoberta do fogo.

Pierre Teilhard de Chardin

PARTE 1

A IMPORTÂNCIA DO AMOR PARA A HOMINIZAÇÃO DO MACACO

Gerald Hüther

Este livro não tem apenas um título revolucionário. Mais do que isso, ele também transmite uma mensagem revolucionária. Por isso, não quero deter-me em maiores delongas neste meu capítulo. Portanto, permitam-me logo "arrombar a porta de sua casa", por assim dizer, como se espera de revolucionários.

O título de minha contribuição já deixa claro que se trata desse processo bastante complicado de um desenvolvimento que teve lugar nos últimos cem mil anos no decurso de uma longa cadeia de sucessivas gerações e que teve, por resultado intermediário, aquilo que hoje somos: aprendizes de magos disparando permanentemente processos que, em seguida, fogem ao nosso controle.

1 Ainda não nos tornamos aquilo que poderíamos ser

"Nós somos a transição do macaco para o ser humano." Foi assim que o pesquisador comportamental Konrad Lorenz, ganhador do Prêmio Nobel, definiu acertadamente nosso atual estágio de desenvolvimento (LORENZ, 1968). E, se hoje olhamos o mundo à nossa volta, só temos a esperar que realizemos essa transição com sucesso e no mais breve espaço de tempo. De outro modo, entraremos nos anais terrestres como "erros da evolução" (KOESTLER, 1978) e a era do antropoceno, por nós mesmos proclamada, terá chegado a seu término natural devido a uma decadência causada por nós próprios, libertando assim nosso maravilhoso planeta azul da maior praga que ameaçava sua existência. Já não temos, definitivamente, a opção de voltar a trepar em árvores e tornarmo-nos novamente macacos. Poucos dentre os bilhões de habitantes estreitamente encurralados em nossas megacidades continuam em condição de sobreviver na natureza livre. Portanto, só nos resta caminhar em outra direção: rumo ao que significa realmente ser humano. Mas o que é que nos torna seres humanos? O que é que poderia nos ajudar a sermos bem-sucedidos nessa transição?

Para Friedrich Engels, sábio empresário, comunista convicto e fiel companheiro de jornada de Karl Marx, o auxiliar procurado tem um nome: trabalho. Em sua obra de 1876, intitulada *Der Anteil der Arbeit an der Menschwerdung des Affen* (*O papel do trabalho na transformação do macaco em homem*), ele expôs de maneira convincente essa tese. Por tal motivo, o que interessava a ele e a Karl Marx era a distribuição justa tanto dos artigos produzidos pelos seres humanos quanto do lucro auferido com sua venda. E a reivindicação que levantavam para atingir esse estágio constituiu o estopim para a luta de classes que marcou por inteiro o século XX.

No entanto, todas essas controvérsias pouco contribuíram para a transição do macaco para o homem. Mesmo após os líderes do movimento operário terem assumido o poder, libertado o trabalho e revolucionado as estruturas de produção, o desenvolvimento na direção de algo um pouco mais humano não deslanchou em um grau sensível e sustentável.

Portanto, não seria por aí que a evolução progrediria, pois o ocorrido não foi uma transformação revolucionária da convivência humana, mas sim a continuação dos padrões de relacionamento até então desenvolvidos, mas agora apenas sob novos sinais decorrentes de novas relações de poder. O que não quer dizer que Marx e Engels tivessem se enganado em sua análise. Não há dúvida de que ao trabalho – entendido como atividade, aquisição de saber e de capacitação e enquanto desenvolvimento das forças produtivas – cabe uma importante parcela na formação de tudo o que até a atualidade foi criado pelo ser humano. No entanto, o trabalho não nos transformou naquilo que somos, e tampouco é o trabalho que determina se será bem-sucedida a transição para o ser humano.

"Mas sim, a inteligência", dirá você. "Não é ela que nos distingue, como seres dotados de razão, de todos os demais seres animais?" Vamos devagar. No tocante à sabedoria e ao pensar, tudo acontece à semelhança do papel do trabalho ou também da linguagem ou da criatividade. Tudo isso constitui aptidões importantes desenvolvidas por nós enquanto seres humanos, mas cabe perguntar: Utilizando-as e apenas desenvolvendo-as ulteriormente, haveremos realmente de nos tornar mais humanos?

Ladrões, terroristas, criminosos e tudo o que há de pessoas frequentemente voltadas a soterrar a convivência pacífica e construtiva entre os seres humanos, muitas vezes asfixiando no nascedouro toda e qualquer evolução rumo a um grau um pouco mais alto de humanidade – todas essas pessoas também fazem uso da razão, trabalham, comunicam-se entre si e desenvolvem ideias criativas a fim de usar outras pessoas para seus objetivos, oprimi-las, explorá-las e instrumentalizá-las para suas intenções. Quase todas as faculdades que, com tão grande prazer, consideramos características específicas de nossa espécie humana, podem ser objetos de abuso como os indicados. Portanto, teremos de procurar em outro plano algo que realmente seja decisivo para o processo de hominização – um plano indispensável à *finalidade* para a qual desenvolvemos e utilizamos essas aptidões. Deveria, por conseguinte, ser algo que dê um rumo a nosso pensar, agir e sentir – não em direção oposta, mas sim voltada para mais humanidade. Devemos, portanto, perguntar-nos o que leva as pessoas a colaborarem umas com as outras, a intercambiarem ideias e experiências, a aprenderem umas com as outras e a moldarem suas vidas conjuntamente de modo que ninguém, nem qualquer outra comunidade, seja por esse motivo oprimido, prejudicado ou dificultado em seu próprio desenvolvimento.

2 Somos seres sociais e, como tais, só em conjunto podemos moldar o processo de hominização

Cada pessoa é única. Em todos os tempos, em todas as partes do mundo e em todas as culturas as pessoas têm adquirido experiências diferentes, saberes específicos e aptidões peculiares, partilhando essas conquistas com os demais dentro de suas comunidades e repassando-as para seus descendentes. Nunca no correr da história da humanidade houve duas pessoas, nem mesmo dois gêmeos monozigóticos (ou "idênticos"), que tivessem passado por experiências iguais, houvessem possuído saberes e capacidades idênticos ou enraizado tudo isso em seu cérebro de forma idêntica por meio de redes neuronais e padrões conectivos correspondentes. Eis por que cada pessoa é única.

No entanto, todo esse saber e todas essas aptidões, todas essas diversas experiências só puderam ser adquiridas e ancoradas no cérebro de uma pessoa porque houve outras pessoas que lhe puseram à disposição seu próprio saber e sua respectiva capacidade, que lhe mostraram e ensinaram como as coisas funcionam, expondo-lhe o que é o mais importante e o que se deve fazer para vencer na vida. Sem esse "outro" e sem seus saberes e capacidades, nenhuma pessoa teria se tornado o que é hoje. Por essa razão, cada pessoa sempre constitui, em sua unicidade, uma unidade social tanto quanto seu próprio cérebro é resultado de uma construção social. Nem pode existir um cérebro desligado do respectivo corpo nem o cérebro de uma pessoa sem as experiências feitas no relacionamento com outras pessoas. Somos, portanto, seres sociais em grau bem mais alto do que até hoje se presumia, e nossa unicidade deve-se à singularidade das experiências que fazemos em nossas respectivas relações sociais.

Baseada em pesquisas sobre o cérebro, essa conclusão começa a espalhar-se cada vez mais a outras disciplinas, entre elas principalmente as Ciências Sociais. Na cultura ocidental, porém, mesmo com o papel central reconhecido para a individualidade da pessoa desde o Iluminismo, ainda existe considerável resistência. E, deveras, para muita gente, é difícil aceitar o reconhecimento de que não existe "o ser humano" como um indivíduo, pois este só existe como uma construção mental.

Mas o fato de que nossa especificidade individual é resultado da especificidade de nossas experiências sociais de relacionamento não quer dizer que a pessoa individual ou seu cérebro devam ser considerados como massa maleável moldada por nossas experiências sociais. Quem sustenta tal posição não entendeu que cada pessoa já chega ao mundo como um ser específico. Já antes do nascimento se desenvolve a partir do óvulo fecundado um corpo com especificidade própria, visto que todos somos equipados com predisposições genéticas diferentes, já percorrendo antes do parto um processo evolutivo altamente complicado em que se formam as predisposições orgânicas e os próprios órgãos – cada qual de maneira própria, peculiar e única. E visto que, no cérebro em vias de desenvolvimento, as primeiras conexões se estabilizam por meio dos padrões de excitação repassados pelo organismo aos diversos setores cerebrais, as conexões em rede assim formadas ficam adaptadas em grau ótimo à respectiva moldagem física de cada criança. Portanto, o nascituro já dispõe, ainda antes de vir ao mudo, de um cérebro formado de maneira única.

Eis por que todos os neonatos se comportam de modo tão diverso. Se um deles reage a um determinado estímulo, o outro reage a um estímulo diferente. O primeiro prefere uma coisa; o segundo, uma outra. O que é relevante para um é insignificante para o outro. E tudo isso se conformou assim de modo inédito já antes de a criança realizar suas primeiras experiências com os pais. Por isso, cada criança reage de maneira peculiar a si própria e a tudo o que tenha vivido em seu relacionamento com suas respectivas pessoas referenciais anteriores ou posteriores. Seu cérebro é algo bem diferente de uma massa moldável por essas experiências relacionais.

Desde o princípio, cada criança segue suas próprias intenções, tem suas próprias preferências, interessa-se mais por uma coisa do que por outra e constitui, portanto, um ser intencional dotado de uma vontade própria. E somente agora, no seu ulterior desenvolvimento cerebral, é que aparecerão as marcas que mais tarde farão surgir suas próprias concepções e convicções, bem como determinadas preferências e aversões. Entretanto, estas não derivam de influências ou ocorrências externas que agem sobre a criança, mas são resultado do confronto dessas influências externas com as expectativas, as concepções, as convicções e as subsequentes intenções próprias já ancoradas no cérebro infantil. Ou dito de maneira mais simples: nosso cérebro não é formado por outros cérebros; pelo contrário, constrói-se a si mesmo com auxílio das experiências feitas com outras pessoas, e isso sempre com base nos padrões neuronais de conexão já surgidos e estruturados até o momento por experiências precedentes.

Esse breve excurso sobre os princípios da auto-organização do cérebro humano já permite entender por que a criança – ao ir crescendo no ambiente familiar, numa comunidade inicialmente pequena mas progressivamente maior e, por fim, numa sociedade ou em determinado meio cultural – vai desenvolvendo concepções e convicções bem diferentes sobre o que realmente conta na convivência com outras pessoas. Mas tais concepções, a criança não as traz consigo para o mundo. Tampouco as assume de pessoas adultas. Ao contrário, ela observa desde o princípio muito precisamente, primeiro, o que fazem essas pessoas referenciais primárias e, mais tarde, também o que fazem outras pessoas em seu meio, ou seja, como se comportam em diferentes situações. E, sobretudo, de que maneira essas pessoas se relacionam com ela mesma, com seus familiares, entre si e com outras pessoas.

Tais modos de comportamento, tão fielmente registrados pelas crianças, constituem expressão de uma determinada atitude. Isso, evidentemente, as crianças pequenas ainda não o sabem e as pessoas grandes geralmente só ficam conscientes quando é tarde demais.

Essa atitude interna que direciona o comportamento de uma pessoa não é visível nem mensurável. Só se pode conhecê-la, ou pelo menos vislumbrá-la, a partir do agir de uma outra pessoa, de sua mímica e gesticulação, seus dizeres. Também isso as crianças ignoram. Porém, é aquilo em que elas mais prestam atenção. Ao observar o que uma pessoa diz ou faz, as crianças exploram – sem saber – a atitude que, nessa pessoa, está por trás de seu modo de comportar-se. Isso ocorre de modo intuitivo, ninguém precisa mostrar-lhes como funciona. É assim que a pequenada fica sabendo o que lhes é realmente importante: se podem contar com aquela pessoa, se podem confiar nela. E, sobretudo, se são vistas, aceitas e valorizadas pelas pessoas tais como são em sua peculiaridade. Somente quem, ao crescer, passou pela experiência de, por sua simples existência, ser considerado importante, não se verá mais tarde em sua vida na contingência de fazer valer sua importância à custa de outras pessoas.

3 Não nos tornamos seres humanos por aquilo que nos diferencia dos animais

Ainda no século passado, estava muito difundida a ideia de que a capacidade de aprender constitui a diferença específica do ser humano. Contudo, graças à multiplicação de conhecimentos obtidos com a observação de animais e de seu desempenho quanto ao aprendizado, um processo por vezes bem complexo, não foi mais possível sustentar tal posição.

Sobreveio então a concepção de que o ser humano se distinguia dos animais pela prerrogativa de aprender o que se passa na cabeça de outra pessoa, de apreender o que ela tem em mente, de entender o que pretende, saber que intenções persegue e o que, consequentemente, fala ou faz. Os pesquisadores do cérebro consideram essa peculiar aptidão no contexto da chamada *Theory of Mind*. Contudo, nem isso constitui uma característica exclusiva do ser humano. Nossos parentes primatas também têm tal propriedade. Eles também são evidentemente capazes de aprender a fazer-se uma ideia ou imaginar o que um outro macaco ou seu acompanhante humano têm em mente e quais intenções perseguem. Nesse meio tempo já se descobriram os primeiros sinais de que também cães e determinados pássaros estão em condição de desenvolver uma noção das intenções que outro indivíduo acalenta e, portanto, o que ele pensa e pretende.

Apesar disso, existe, sim, alguma coisa que somente nós, os humanos, somos capazes de aprender e que de fato nos distingue de outros animais: somente nós estamos em condições de aprender a utilizar a capacidade de aprendizado de outros seres vivos – e, principalmente, a dos pertencentes à nossa própria espécie humana, inclusive a de nossos descendentes – com o fim específico e consciente de colocá-la a serviço de nossas próprias pretensões.

Somente nós somos capazes de aprender a moldar e a domesticar outros seres vivos de modo a que acabem por comportar-se e agir como nós queremos. Mas já bem cedo, muito antes de Pavlov descobrir, com seus experimentos em cães, como funciona esse mecanismo do condicionamento, os seres humanos haviam aprendido a possibilidade de, por meio de castigo e recompensa, levar animais e, com mais forte razão, seres humanos – sobretudo quando jovens, inexperientes e em situação de dependência – a realizar deliberadamente determinadas ações.

Entretanto, a fim de provocar num cachorro, canário, macaco ou em outra pessoa tal processo de condicionamento, levando-o assim a fazer algo que normalmente não faria – ou, pelo menos, não por simples ordem, ou apenas em outro contexto determinado –, o mestre tem necessariamente de dispor de uma aptidão que exclusivamente seres humanos são capazes de aprender. Ele ou ela deve estar apto a considerar outros seres vivos não como sujeitos, mas sim como objetos. Só nessa condição poderá aproveitá-los para os desígnios de tal condicionamento.

Essa capacidade peculiar de tratar como objetos outros seres vivos, os próprios seres humanos e até mesmo os próprios filhos não é congênita. Ela se adquire unicamente no curso de um processo específico de aprendizagem. É um processo pelo qual a referida pessoa, no curso de seu desenvolvimento, passa a ser, ela mesma, tratada por outras pessoas como objeto de suas intenções e finalidades, de suas avaliações e admoestações, de suas medidas educativas e instrutivas. Frequentemente, isso acontece já em tenra idade, prosseguindo mais tarde nos estabelecimentos de ensino até tornar-se ainda hoje característica de nosso modo de convivência. Ao invés de tratar-nos uns aos outros como sujeitos, nós nos convertemos reciprocamente em objetos e utilizamos uns aos outros a fim de perseguirmos nossos próprios objetivos e intenções. Quanto a isso, trata-se de um admirável desempenho cultural que somente o ser humano, com seu cérebro imensamente complexo e graças à sua íntima ligação a comunidades humanas, estava em condições de desenvolver.

A razão pela qual os humanos puderam configurar essa aptidão como um desempenho coletivo de aprendizado – e ancorá-la estruturalmente na forma de estabelecimentos de educação e ensino intencionalmente criados – foi a seguinte: sob determinadas condições, houve mais vantagem em considerar as demais pessoas como objetos e assim tratá-las e utilizá-las. Concretamente, tais condições constituem uma situação de necessidade e miséria, causada por catástrofes naturais, mas na maioria dos casos por conflitos de guerra. Dito de modo mais geral: o que fez surgir esse peculiar desempenho cultural foram as ameaças duradouras à própria existência, ou seja, em outros termos, a necessidade de segurança e controle provocada pelo medo.

A estratégia mais eficaz para uma comunidade humana lidar com essas ameaças e receios consiste em construir uma estrutura social rigorosamente organizada e hierarquicamente ordenada. Nesta, apenas umas poucas pessoas atuam como sujeitos aptos a decidir e agir, ao passo que todas as demais têm de se submeter às suas decisões, medidas e ordens.

Só assim se pode comandar soldados e vencer guerras. Entretanto, até hoje é possível não só desfazer ameaças coletivas mas, também, assegurar posses e privilégios. E por constituir algo de grande relevância para todas as comunidades humanas, isso fez com que se desenvolvesse em quase todo o mundo a aptidão para usar outras pessoas como objetos em vista da consecução de intenções e objetivos próprios.

E dada nossa enorme capacidade de aprendizado, nós seres humanos aprendemos muito cedo a lançar mão dessa aptidão de aprendizado de modo consciente e orientado para o objetivo de assegurar nossas próprias posses e de subjugar, assaltar, abusar e manipular outras pessoas. E é justamente por isso que tem sido até agora impossível desenvolver verdadeiramente o potencial em nós inato de formar comunidades individuais cocriativas. E, assim, continuamos até o presente atolados na mentalidade de concorrência e preservação de posses ou direitos adquiridos.

Para quem cresceu e inseriu-se num mundo configurado dessa maneira ficará difícil desenvolver uma visão aberta para um modo diferente de convivência entre as pessoas.

4 Só podemos instituir um modo humano de ser a partir do que nos une a outros seres vivos

Tentemos, então, raciocinar em outro sentido. Não se pode dotar de um caráter mais humano nosso modo de convivência convertendo-se as outras pessoas em objetos de nossas intenções, expectativas, juízos ou mesmo atos concretos. Se é que somente essa performance cultural constitui a única a nos diferenciar quantitativa e mesmo qualitativamente de nossos parentes animais, então quem sabe valesse a pena dirigir nossa atenção com maior intensidade àquilo que nos une aos outros seres, não só humanos, mas também aos outros seres vivos em geral?

Tudo o que é vivo – seja ele uma única célula, seja um organismo multicelular ou uma comunidade composta de indivíduos diferentes uns dos outros – precisa encontrar soluções que lhe possibilitem preservar seu tecido relacional interno desenvolvido até então. Isso é difícil, pois tal ordem interna sofre continuamente transtornos advindos de influências externas. E a causa desses distúrbios é justamente a abertura, própria de todos os seres vivos, a influxos exteriores, necessários para instaurar e preservar as estruturas internas, mas também desestabilizadores das mesmas.

Visto que todo ser vivo está inserido em um complexo tecido de relações com outros seres vivos, essas influências externas têm sua origem primeiramente em outros seres vivos que, por sua vez, também procuram preservar sua estrutura relacional interna de modo a manterem-se vivos, crescerem e procriarem. Ora, num mundo limitado e dispondo de recursos também limitados, isso só é possível por um tempo também limitado. Em algum momento o espaço vital ficará demasiado restrito e os gêneros alimentícios por demais escassos, impossibilitando que tudo continue como antes. A partir daí torna-se necessário que as formas de vida atingidas busquem soluções novas para assegurarem sua sobrevida, seu ulterior crescimento e sua reprodução.

Durante essas fases de transição desestabiliza-se compulsoriamente cada vez mais a ordem relacional interna de seres vivos que vivem, crescem e se proliferam em um determinado ecossistema. As formas de vida mais fortemente afetadas são sempre as que consomem mais recursos do que as demais. E isso porque, por exemplo, as formas juvenis crescem mais rapidamente do que a geração adulta. No entanto, os indivíduos da nova geração ainda se encontram em condições de adaptar com maior profundidade a configuração de sua ordem interna à situação restritiva de seu abastecimento. Desse modo, são capazes de encontrar soluções novas para assegurar sua sobrevida e sua reprodução.

Por conseguinte, raramente são os indivíduos velhos, adultos e experientes que, em cada tipo de seres vivos, encontram soluções deveras inovadoras para tempos difíceis, de modo a desenvolverem alterações nos padrões de inter-relações internas. Ao contrário, quem o faz são justamente os que, ainda inexperientes e imaturos, crescem em condições difíceis e que, em sua busca, encontram-se a caminho. Sua textura relacional interna e, portanto, sua organização interna, deixam-se alterar e adaptar a novas exigências com facilidade e profundidade muito maiores do que as da geração de seus pais, com seus padrões estabelecidos e suas estratégias fixas de solução para os problemas de abastecimento, superpopulação e demais assuntos relativos à crescente escassez de recursos.

Ao se tornarem inseguros e receosos ou, também, vulneráveis a influências desestabilizadoras provindas de outros seres vivos adultos, os seres humanos em idade adulta sempre reagem com a tentativa de reestabilizar seu padrão relacional interno. Voltam então a fazer o que sempre fizeram ante as dificuldades: recorrem a estratégias comprovadas de solução. Tentam com mais intensidade aplicar velhas medidas. Nada de ulterior desenvolvimento, nada de inovador. Simplesmente patinar no mesmo lugar com vistas no retrovisor. Assim, o resultado não poderá ser outro além do permanente aperfeiçoamento do que já se comprovou. E a consequência de tais soluções nascidas do medo, do estresse e da necessidade – alegremente etiquetadas como "progresso" – será apenas a continuação melhorada do que tem funcionado até então.

Esse processo tem um desenvolvimento exatamente igual ao que Charles Darwin descreveu: um decurso marcado pela pressão seletiva e pelo concomitante melhoramento das chances de sobrevida e reprodução para todos os indivíduos de uma espécie possuidores da predisposição genética para tanto e que, além disso, vivem em condições propícias à expansão concreta daquelas predisposições peculiares. Só assim esses indivíduos conseguiram moldar determinadas características e melhorar a eficiência do desempenho e das aptidões delas resultantes, de tal modo que sua sobrevida e sua reprodução ficaram asseguradas mesmo ante o acirramento da concorrência e a redução de recursos disponíveis.

No entanto, para ser capaz de, repentinamente, abolir sequências genéticas não expressas e desenvolver aptidões predispostas apenas como potenciais é preciso que o indivíduo se encontre em idade juvenil. Quanto mais jovem, tanto melhor. Na melhor das hipóteses, até antes do nascimento, pois é quando a interação entre a expressão genética e a formação da característica ainda não está firmemente definida e introduzida. É esse o momento em que ainda valem as condições propícias para a expressão de novas combinações genéticas. Somente em estado ainda jovem e não fortemente diferenciado os seres vivos encontram-se em condições de aproveitar de fato a crescente pressão seletiva, a fim de desenvolver determinados potenciais genéticos neles existentes como predisposição e de configurar as características e as aptidões exigidas para sua sobrevivência e sua reprodução.

Para que um ser vivo possa desenvolver o potencial contido em seu genoma, é preciso que a formação da característica a ser adquirida com base nesse potencial seja de importância para o indivíduo em questão. A formação de uma característica, como, por exemplo, a produção de determinada proteína, pode tornar-se importante desde o momento em que células passem a sofrer a influência de determinadas substâncias-sinais produzidas por outras células do organismo em desenvolvimento.

Mas essa formação de característica ou aptidão também pode tornar-se importante pelo fato de que, no interior da textura relacional configurada até então, tenha surgido um transtorno ou uma desestabilização por força de influências externas que só possa ser remediada a partir da constituição de tal característica ou por meio da aquisição de determinada aptidão. Nesse caso, a necessidade se torna a mola propulsora na busca de saídas e soluções.

E assim se conclui que o espaço de manobra para indivíduos adultos de uma determinada espécie é necessariamente menor do que para os seus mem bros jovens. Crianças são mais livres e flexíveis do que pessoas idosas. Além do mais, elas não têm a capacidade de recorrer automaticamente a soluções antigas, já comprovadas. Mas ainda estão em condição de recorrer a saídas não convencionais julgadas impossíveis pelos mais velhos para superar situações difíceis, em que reinam insegurança e receio, gerados pela desestabilização da textura relacional interna. Por mais que tais saídas e soluções se apresentem diferentes umas das outras, elas podem, mesmo assim, ser classificadas em duas estratégias fundamentais possíveis: ou bem o indivíduo oferece resistência aos concorrentes, ou bem ele se alia a eles. Em curto prazo, a estratégia de esconder-se atrás de barricadas, de resistir, pode muito bem chegar a bom termo. Em longo prazo, porém, ela continuará sendo fonte contínua de processos desestabilizadores e compulsoriamente geradora de progressiva limitação e especialização do desenvolvimento próprio.

Pressionadas pela concorrência em busca de recursos escassos, determinadas espécies ficam forçadas a especializar-se e acabam confinadas a nichos ecológicos. Nesses casos de limitados espaços vitais, deixa de ser vantajosa para a sobrevida e a reprodução a estratégia de se complexificar e ampliar o espectro de potenciais depositados no genoma. Quem consegue sobreviver como especialista, não necessita tornar-se ou permanecer como ser onipotente. Portanto, não é em situações de concorrência particularmente acirrada que se acham as condições favoráveis à ampliação do espectro de opções enraizadas no genoma e à formação de novos padrões relacionais e estruturas organizacionais complexas no interior de cada indivíduo e em seu inter-relacionamento. Vice-versa, tais condições poderão existir mais facilmente sempre que as condições ligadas à concorrência não tenham uma importância tão acentuada para a sobrevida e a reprodução dos indivíduos de uma espécie. E é esse o caso daquelas fases da história evolutiva dos organismos nas quais não predominavam necessidade, miséria, carência nem escassez de recursos, mas sim a abundância. Nessas fases de convivência livre de esforço, estresse e concorrência tornam-se possíveis soluções criativas e inovadoras, que dão lugar à formação de novos potenciais e à ulterior evolução lúdica, assim como à recombinação de padrões relacionais e de reação já depositados. Não sob pressão, mas sim em meio à interação despreocupada e livre, é que a vida se redescobre continuamente, as formas de vida em evolução vão gerando estruturas e padrões de interação internos cada vez mais complexos, inserindo-se em inter-relacionamentos sempre mais estreitos e complexos. Mais uma vez, aqui também as novidades em matéria de soluções não vêm dos velhos, mas sim dos jovens – e até dos mais jovens –, pois são muito mais abertos e aptos para se relacionar.

Quanto mais a evolução neste mundo avançou, tanto mais diferenciadas se tornaram as novas formas de vida surgidas e tanto mais dependentes do nível de desenvolvimento alcançado na etapa anterior. Dos planos estruturais, inicialmente ainda muito simples, de evolução dos organismos monocelulares que rapidamente vão crescendo e reproduzindo-se, derivaram assim padrões genéticos cada vez mais complexos para a constituição de organismos pluricelulares que, crescendo mais lentamente e reproduzindo-se com menor rapidez, desenvolvem em compensação uma estrutura cada vez mais complexa. Dos sistemas nervosos primitivos, surgiu o complexo cérebro humano, capaz de aprender e dotado da aptidão para gerar padrões internos em forma de ideias e concepções e comunicá-las a outros seres humanos, transmitindo-as para as gerações seguintes.

E assim o crescimento, que inicialmente era puramente material e direcionado por padrões codificados pelo DNA, acabou por tornar-se um crescimento espiritual, imaterial e orientado pela difusão de concepções internas que determinam o pensar, o sentir e o agir. Desse modo, deu um salto qualitativo a aptidão desenvolvida pelas formas primitivas de vida para assumir, ampliar e aproveitar experiências ancoradas no DNA, voltadas a comandar o próprio desenvolvimento e preservar a ordem interna própria. O crescimento até então visível e mensurável tornou-se imaterial, invisível e não mensurável. Portanto, a vida – embora ainda ligada a estruturas materiais – transformou-se num processo de crescimento espiritual ampliador de conhecimentos.

Nesse sentido, a evolução do ser vivo, ao formar cérebros que se tornam cada vez mais complexos, encontrou um caminho para possibilitar um crescimento sem limites e sem que nosso cérebro cada vez maior chegue a explodir o crânio. O que está apto a crescer perenemente é a quantidade de conexões, a intensidade das relações das células nervosas e, naturalmente, com mais forte razão, também a intensidade das relações dos seres humanos equipados com essas complexas conexões neuronais em seus cérebros.

Porém, a principal precondição para o surgimento de um cérebro assim conectado de forma cada vez mais intensa foi que ele teve de ir-se criando pouco a pouco, num longo e conturbado caminho de processo evolutivo de desenvolvimento. Pois, para formar um tecido tão complexo de inter-relações de células nervosas, não bastavam as predisposições genéticas – necessárias, mas não suficientes. Também era preciso assegurar que, uma vez constituídas sob a influência desses programas genéticos, as opções de conexão em rede e de ligação nos diversos setores do cérebro em vias de desenvolvimento fossem, no maior número possível, efetivamente utilizadas e assim correspondentemente estabilizadas. Para tanto, os descendentes, na fase de desenvolvimento de seu cérebro, tinham não apenas de crescer inserindo-se no mundo da vida, que por si só já lhes oferecia o espectro mais amplo possível de experiências diversas. Eles também necessitavam de proteção contra influências disturbadoras que imprimiriam prematuramente um determinado rumo para a configuração das opções de conexão predispostas em seu cérebro, impondo assim, demasiadamente cedo, desempenhos especializados.

O mais amplo espaço de experiências para indivíduos de determinada espécie forja-se sempre que conseguem formar comunidades nas quais é possível o intercâmbio de experiências vividas e transmitidas para os respectivos descendentes. Para esse fim, os membros dessa comunidade devem estar unidos por um laço emotivo, por um sentimento de pertencimento mútuo; e a proteção dos descendentes contra distúrbios externos devem levar compulsoriamente a uma especialização prematura de seu cérebro em desenvolvimento. Tal proteção só se pode assegurar quando os membros dessa comunidade e, particularmente, os pais desses descendentes, estão unidos a seus filhos por um laço emocional, por um sentimento de amor incondicional.

5 O que nos une a nós mesmos, aos outros e ao mundo é o amor

A maioria das pessoas acha que o amor é um sentimento. E há pesquisadores do cérebro que, nos últimos anos, dedicaram-se intensamente – mediante procedimentos modernos gráficos como ressonância magnética, tomografia e ultrassonografia – a descobrir quais são os setores cerebrais particularmente ativos quando a pessoa sente o que os pesquisadores do cérebro definem como amor.

E o resultado das pesquisas tem sido decepcionante: quando a pessoa está apaixonada, há uma vibração em todos os pontos possíveis do cérebro, e principalmente nos chamados centros emocionais do sistema límbico. Portanto, estar apaixonado é um sentimento concomitante a alterações mensuráveis nos padrões de excitação do cérebro. Mas o amor é algo diferente. O amor não se produz numa pessoa nem mesmo numa série de ensaios. O amor não é um estado de ânimo, mas sim uma atitude interna, um posicionamento interno que determina o que a pessoa pensa, sente e age. Quem vive com essa atitude não precisa ficar sempre prestando atenção no que recebe, mas sim, muito mais, no que dá a outras pessoas.

Visto que o amor não é um sentimento, mas sim uma atitude, coloca-se a questão sobre de onde vem essa atitude, como ela surge e por qual razão uma pessoa desenvolve tal atitude própria de quem ama e outras não.

A resposta é simples, e cada qual a conhece: para tornar-se alguém que ama, é preciso que a própria pessoa tenha sido amada. E essa experiência ninguém pode obter por si mesmo ou por si mesma, sozinha ou sozinho, nem na infância nem mais tarde na vida. Para tanto, a pessoa precisa de outras pessoas que a amem. Essas mesmas pessoas, porém, também só poderão fazê-lo se elas próprias, no decurso de sua vida, tiverem sido amadas por alguém. Nesse sentido, o amor não é um sentimento individual, mas sim algo que, no interior da comunidade humana, é transmitido num processo transgeneracional como resultado de experiências próprias.

Agora a questão se torna ainda mais interessante, pois sob esse prisma o que denominamos amor constitui uma realização cultural que, em tal modalidade, somente pode ser desenvolvida por comunidades humanas. Daí poderem existir, em comunidades humanas, condições aptas a estimular o surgimento de tal realização cultural. E vice-versa. Também se pode contar com a possibilidade de que o condicionamento geral venha a ser desfavorável. Mas, nesse caso, os membros de uma tal comunidade não poderão desenvolver, de todo ou em parte, a atitude de amar a partir de sua própria experiência de ser amado ou de ter sido amado.

Expande-se assim, nessas comunidades, uma cultura de relacionamento marcada pela falta de amor. E quando a atitude de uma pessoa para com a outra deixa de pautar-se pelo amor, as pessoas começam a comportar-se sem amor – tanto para com a natureza em sua volta, as plantas e os animais, quanto para com as demais pessoas dessa comunidade, seus familiares e, finalmente, seus filhos.

Tal comunidade já não se deixa levar pelo espírito de amor, mas sim pelo da desconfiança, do medo, do desprezo mútuo e da imposição dos interesses próprios às custas daqueles de outrem.

Nessas condições, em que as comunidades sofrem forte pressão externa vendo-se ameaçadas pela fome, por necessidades e pobreza, inclusive pelas intempéries naturais ou inimigos externos pondo em perigo inclusive sua sobrevivência, esse tipo de atitude até pode ser uma solução exitosa. De fato, ela assegura a existência nua e crua leva cada um de seus membros a lutar pela consecução de seus próprios recursos e gera uma crescente pressão por competitividade e realizações, incitando assim os membros de tais sociedades às mais altas conquistas. O que, afinal, mantém unidas tais comunidades é a necessidade comum ou o perigo percebido pelo conjunto da comunidade. Em outros termos, o receio e, naturalmente – o que com facilidade se desconsidera –, as estruturas criadas pela comunidade para enfrentar a necessidade, o medo e a ameaça. Entre tais estruturas estão as hierarquias, as estruturas administrativas, as legislações, as regras e os rituais, assim como o ideário, as ideologias e os mitos da comunidade desenvolvidos sob as condições mencionadas.

Nessas comunidades reina, assim, um outro espírito – um espírito administrativo, de acusação, ou qualquer outro espírito negativo que possa existir. Isso pode muito bem ser positivo à medida que se trate da sobrevivência dessa comunidade. O problema começa a partir do momento em que tal espírito negativo continue a ser incentivado e mantido em vida, mesmo após o desaparecimento da situação de grande necessidade, após a superação da ameaça aguda e, com isso, a vitória sobre o medo e a insegurança. Quando isso ocorre em determinada comunidade, ela não conseguirá sobreviver no longo prazo.

Pode-se explicar de modo totalmente simples por que isso é assim – e sempre tem sido também no passado. É que as crianças que cresceram dentro de tais comunidades dominadas pelas estruturas administrativa e reguladora que elas mesmas criaram terão dificuldades cada vez maiores para terem a experiência de serem amadas, e amadas tal como são e não por estarem em melhores condições de se adaptarem às estruturas dominantes. Quem só é benquisto por corresponder às expectativas de seus progenitores, educadores ou professores não está sendo amado, mas sim utilizado. E quem se vê privado da experiência de ser amado não pode desenvolver em si mesmo a atitude do amor. E isso não seria nada de grave se, para o desenvolvimento do cérebro e para a expansão dos potenciais presentes desde a nascença em cada criança, fosse indiferente o fato de a criança sentir-se amada e saber-se aceita tal como é, ou o fato de mais tarde plasmar sua vida pela atitude do amor. Mas é justamente o que não acontece. Quem não se vivencia como um ser amado estará com um problema que marcará seu desenvolvimento posterior, dificultando-o.

As pessoas sabem desde sempre que isso é assim, mas atualmente o que os conhecimentos dos pesquisadores do cérebro e biólogos do desenvolvimento nos demonstram com toda a claridade e inequívoca irrefutabilidade é: sem amor, o cérebro humano fica estancado numa versão truncada do que poderia ter-se tornado. Já não podemos manter fechados os olhos ante essa banal evidência e, vice-versa, tampouco conseguimos nos furtar ao reconhecimento de que, sem a conquista cultural do amor, sem a possibilidade de desenvolver individualmente a atitude de uma pessoa que ama e de continuamente reavivar e nutrir o espírito do amor dentro de nossas comunidades, nunca teríamos podido nos tornar o que, apesar de todas as contrariedades e reversões, conseguimos ser até agora. Justamente, não somos macacos desnudos, mas sim seres humanos que, ao menos em parte, conseguem, sim, realizar os potenciais presentes em nós desde a concepção.

6 Perspectivas: também seria possível vivermos juntos de outra maneira

O conhecimento de longe mais importante conquistado pela neurobiologia nos últimos decênios e reconfirmado por uma multiplicidade de resultados parciais é o da aptidão de remodelagem própria do cérebro humano. Esse fenômeno denomina-se "neuroplasticidade" e é esta que nos coloca em condições de pensar e sentir de modo diverso do seguido até então e que, portanto, nos torna aptos a desenvolver e pôr em prática concepções do que nos é importante e da maneira como pretendemos plasmar nossa convivência futuramente.

Portanto, isso é possível em princípio. Nós poderíamos conviver de outro modo, e não é a falta da aptidão para a mudança em nosso cérebro que nos impediria de mudar. Mas sim, tão só, o receio do que aconteceria quando parássemos de nos ater ao que construímos e realizamos com tanto penar para poder viver com certa segurança e livres de preocupações.

Fazem parte do inventário que pretendemos conservar, além de nossas posses materiais, tais como conta bancária e imóveis, mobília domiciliar e armários cheios, veículos e até mesmo iates veleiros – em caso de necessidade, poderíamos renunciar a tudo isso –, também todos os amigos, conhecidos e demais pessoas a quem nos sentimos ligados. Temos medo de perdê-los ao transformar repentinamente a nós mesmos ou mudar a maneira de considerar o que é decisivo para nossa vida e resolver não querer mais continuar como antes.

E naturalmente também temos medo de perder nossa posição social, o respeito e reconhecimento em nossa vizinhança e vida profissional que, ao menos em parte, conseguimos obter nos anos passados a muito custo.

Mas o maior receio que temos é o de perder-nos a nós mesmos, ao deixarmos o apego a tudo o que fazia parte do acervo de convicções que julgávamos serem precisamente o que nos constituía como pessoa: convicções formadas na vida, concepções baseadas nas experiências feitas e, não por último, medo de perder a autoimagem que, de modo meio consciente e meio inconsciente, nós formamos a partir de tudo isso e que, ao vacilar em determinadas ocasiões, sempre voltamos a reafirmar de uma maneira ou outra. Por temermos perder aquilo que consideramos ser nossa identidade, preferimos ficar com o que somos: prisioneiros da gaiola que armamos para nós mesmos. Do luxo com que equipamos todos esses pertences concatenados depende, provavelmente, a intensidade com que lamentamos sua possível perda. Entretanto, mesmo que tenhamos lhes conferido o valor de ouro puro, eles não criarão asas – dispensáveis, aliás, para quem vive numa gaiola...

Nós, humanos, só teremos asas para voar quando dispormos de espaço e ocasião para tanto. Nossas asas humanas levam o nome de "alegria em descobrir" e "prazer em moldar". E o espaço em que se expandem chama-se "liberdade". Em qualquer lugar onde as pessoas, sem receio, sem pressão e mesmo sem uma noção precisa do que é importante na vida se põem a caminho, esquecidas de si mesmas e como a brincar, elas percebem que algo recomeça a crescer, algo que reconhecem ao menos inicialmente estar já presente nas fases despreocupadas de sua infância: a espontânea alegria de viver, de simplesmente existir no aqui e no agora. Logo que desaparece o medo, desperta nelas o prazer de descobrir e plasmar por si próprias. É assim que funciona o cérebro, justamente sem receio e sem pressão por parte de expectativas e de desempenho exigido.

Entretanto, a questão decisiva é se nós, humanos, encontramos esse caminho rumo à liberdade quando, na realidade, sentimos grande receio de perder-nos a nós próprios nesse empreendimento. Não podemos superar tal angústia, pois isso significaria que *devemos* nos esforçar, colocando-nos assim novamente sob pressão. Portanto, o receio não se esvai, mas sim, com toda a certeza, a alegria de viver e o prazer de moldar. Portanto, deveríamos nos livrar do medo, de uma forma ou outra. Este simplesmente tem de desaparecer. Deveria ir-se, unicamente, por si só.

Sabemos, pelos resultados de pesquisas sobre medo e estresse, que há três condições para que o receio desapareça. O que provoca medo ou angústia é sempre a perda de confiança. Portanto, trata-se, em todos os casos, de recuperar a confiança perdida – confiança entendida como:

- confiança nas próprias aptidões e competências;
- confiança na possibilidade de encontrar ajuda e apoio em outras pessoas quando as próprias

aptidões e competências não são suficientes para enfrentar situação difícil a provocar medo; e

• confiança de, para o que der e vier, encontrar no mundo um ponto fixo, um sustento e uma acolhida segura.

Cada um desses recursos faz diminuir o medo. Mas este só desaparece quando a confiança tiver sido recuperada em todos os três níveis. Aí, sim, o receio se vai. Sem pressão nem esforço, graças apenas à confiança.

Conhecemos assim o caminho que faz desaparecer nosso receio de aceitar nossa própria mudança e nos livrar da gaiola em que aprisionamos as concepções que nós próprios desenvolvemos. Com isso, também fica claro que, no caminho de nossa autolibertação, não se trata de uma série de sucessivas revoluções mutuamente condicionadas, mas simplesmente de recuperar a confiança perdida – confiança em si mesmo, nas outras pessoas, no mundo. Tudo isso, porém, não passa de uma descrição mais complexa do que constitui a única fonte dessa confiança para nós seres humanos: o amor. Precisamos deixar entrar o amor em nossa gaiola, a fim de nos tornarmos realmente livres, para reencontrarmos nossa alegria de viver, nosso prazer em descobrir e modelar por conta própria. Assim se abriria uma porta para um mundo que se apresenta e se configura de um modo totalmente diverso daquele que conhecemos até então. Então nada mais se oporia à nossa hominização.

O amor é a mais universal, mais admirável e mais misteriosa de todas as forças cósmicas. Após séculos de esforços titubeantes, as instituições da sociedade o enquadraram e canalizaram externamente. Aproveitando-se dessa situação, moralistas procuraram submetê-lo a regras.
[...] Na ciência, na economia e nas relações públicas, as pessoas procuram ignorá-lo, apesar de ele encontrar-se em toda parte por baixo das aparências.
[...] Nós temos consciência dele, mas apenas lhe pedimos que nos dê prazer ou que não nos moleste. Será possível que a humanidade continue a crescer e viver sem interrogar-se sobre quanta verdade e quanta energia está perdendo ao negligenciar a incrível força que ela tem no amor?

Pierre Teilhard de Chardin

PARTE 2

DE QUE MODO UMA REVOLUÇÃO DO AMOR PODE SER BEM-SUCEDIDA?

Maik Hosang

Introdução

No texto supracitado, Teilhard de Chardin exprime a ideia de que o amor não é apenas o sentimento de uma relação romântica, mas também a energia mais elementar, mais forte e mais bela da evolução. Ele é a força paradoxal que une e interliga, mas que simultaneamente liberta e individualiza. Eis por que o amor nos encoraja a descobrir e desenvolver, em nós, entre nós e em nossa volta potenciais sempre novos.

A significação do amor para a hominização do macaco ficou exposta na primeira parte desta obra. Mas também, posteriormente ao fato, surgiram desse potencial – energia ou intuição próprias do amor – numerosas inovações culturais, sociais e econômicas da história humana. A quem se interessar mais por esse aspecto, recomendo nosso livro *Die Freiheit ist ein Kind der Liebe – Die Liebe ist ein Kind der Freiheit* (*A liberdade é filha do amor – O amor é filho da liberdade*) (cf. HÜTHER & HOSANG, 2014), e também o livro do sociólogo russo-americano Pitirim Sorokin, *The Ways and Power of Love* (*Os caminhos e o poder do amor*) (SOROKIN, 1994). Além dessas indicações, ao tratar de determinados aspectos, também darei ulteriores sugestões, convidando você cordialmente a segui-las, caso estiver interessado em aprofundar o assunto.

Pitirim Sorokin, outrora diretor do Instituto Harvard de Sociologia, passou em revista toda a história da humanidade examinando seus motivos e as tendências subjacentes. Ele conseguiu demonstrar que, apesar de todas as ocorrências de guerra e demais fatos desumanos da história, os momentos e processos positivos de maior interesse foram possibilitados e sustentados pelo *power of love* (poder do amor). E, por assim ter sido, assim também será. A esperança de uma sociedade mundial digna do ser humano, plural mas também livre e pacífica, é uma esperança baseada em última instância na intuição do amor, que em tempos idos levou a nos tornar seres humanos – nos "hominizou". E, graças à autoconscientização própria do amor, tornou-se agora possível liberar novos potenciais dentro de nós e entre nós. De fato, até hoje as inovações e as culturas do amor surgiram mais ou menos fortuitamente. Até hoje – excetuadas as breves fases de escolas do amor na Grécia Antiga (cf. mais adiante) – não se concretizou a obra de formação e desenvolvimento conscientes dessa que é a mais importante energia humana da pessoa. Por isso, ainda não surgiu a sociedade que tivesse conseguido desenvolver em grau ótimo simultaneamente ambos os polos dessa energia – o da individualidade livre e o da interligação humana intensa. No decorrer desta parte do livro, apresentarei algumas indicações de como isso poderá ocorrer futuramente.

1 As inovações históricas próprias do amor

Horticultura ou A comunicação amorosa com a natureza

Nas primeiras etapas da evolução humana, nossos antepassados alimentavam-se de coisas que a natureza lhes apresentava prontas. Eles coletavam bagos, raízes, cogumelos e caçavam animais que viviam nas redondezas. Somente há dez mil anos ocorreu uma mudança radical: os humanos passaram a cultivar eles mesmos os vegetais e a domesticar animais úteis.

Para essa transição de caça e coleta para horticultura e criação de animais tem-se por vezes a explicação de que o antigo sistema de obtenção de alimentos já não bastava devido às alterações ambientais e à quantidade crescente de pessoas a serem alimentadas. Mas com isso apenas se esclarece, quando muito, a necessidade dessas inovações tão importantes para a história da humanidade, mas não o "modo" como surgiram.

A simples necessidade não é suficiente para que apareça algo de realmente novo e que, além disso, faça sentido. A fim de que uma gramínácea – nutritiva em virtude de suas espigas e sementes – não seja simplesmente ingerida, mas também conscientemente semeada, é preciso que se volte a essa planta um olhar diferente, mais amplo e mais amoroso. Ela já não pode ser considerada apenas como algo que sacia a fome, mas sim ser observada e compreendida no contexto de seu surgimento e evolução. Portanto, a horticultura se originou não tanto da descoberta de uma nova espécie de gramínea, mas muito mais da nova atitude com que o ser humano passou a perceber a natureza ao seu redor. Não apenas a fome teve necessariamente um papel nessa cena, mas também uma curiosidade amorosa, a fim de possibilitar esse passo avante na hominização. Outro ponto igualmente importante e decisivo é a diferença emocional entre a caça de ovelhas selvagens e sua domesticação, bem como a criação de um rebanho de ovelhas. Aqui também se faz necessário um olhar e uma compreensão diferentes, novos, amorosos, para que animais outrora exclusivamente fornecedores de pele e carne se transformem, para os humanos, em camaradas de longos anos.

Para nós é importante distinguir entre o surgimento e a aplicação dessas novas técnicas. O fato de a horticultura e a criação de animais domésticos – e mais tarde a lavoura e a pecuária – terem-se imposto à concorrência da caça e da coleta tem a ver seguramente sobretudo com a possibilidade, assim aberta, para um fornecimento mais confiável de alimentos a uma crescente população. Mesmo assim, não é por esse caminho que se obtém uma explicação suficiente para a descoberta originária dessas técnicas tão importantes para a humanidade. Se assim fosse, em qualquer lugar onde reinasse penúria alimentar elas teriam sido inventadas e introduzidas. Numerosos historiadores concluem que essas invenções só foram bem-sucedidas em localidades dotadas de pressupostos naturais propícios e, simultaneamente, de um condicionamento sociocultural favorável. Foi esse o caso há dez mil anos a.C., particularmente em regiões do chamado Levante fértil do Oriente Médio. Lá a natureza mantinha disponíveis, por um lado, espécies apropriadas de gramíneas e frutas, assim como ovelhas e cabras selvagens. Por outro lado, as pessoas viviam naquele tempo na forma denominada de horticultura tribal matrilinear: as mulheres manejavam o solo e organizavam a vida dos clãs. O parentesco e a hereditariedade seguiam a linha feminina da mãe para a filha e não, como se deu posteriormente, do pai para o filho varão. Do mesmo modo que, como indicado no capítulo precedente, as aptidões de percepção livre e amorosa derivavam do cuidado materno para com a prole, assim também as mulheres encontravam-se e encontram-se em melhores condições para perceber outros seres com sentimentos de solidariedade livres e desinteressados. É o que se depreende das indicações históricas referentes ao fato de que a horticultura e a criação de animais, mas também realizações culturais como trabalhos com cerâmica, costura e construção de casas, foram resultados da invenção por parte de mulheres. Quem se interessar mais por esse assunto, leia os relevantes livros de Sarah Blaffer Hrdy: *Mutter Natur: Die weibliche Seite der Evolution* (*Mãe Natureza: o lado feminino da evolução*, 2010b) e *Mütter und andere. Wie die Evolution uns zu sozialen Wesen gemacht hat* (*Mães e outros seres. De como a evolução nos tornou seres sociais*, 2010a).

Linguagem verbal como articulação do amor

Sociedades humanas caracterizam-se pelo fato de não se estruturarem predominantemente por classificações hierárquicas, mas sim por permitirem multiformes expressões amigáveis de comunicação e expansão de potenciais para todos os indivíduos. Para a organização e a regulação de hierarquias existem, no reino animal, padrões inatos de comportamento e sistemas de sinalização recíproca. Organismos dominantes exprimem-se em relação a escalões inferiores por meio de determinados gestos, tais como formas abertas ou sutis de comportamento agressivo, ameaçador, ou também como sons em tonalidades latentemente agressivas. Organismos situados em nível inferior reagem a isso com correspondentes sinais de submissão. Entretanto, para as novas comunidades baseadas em formas primitivas de liberdade e amor, esse tipo de comportamento hierárquico animal não servia para grande coisa. Para isso era preciso inventar novas formas de comunicação para as quais dificilmente existiam modelos no reino animal.

O importante filósofo Jean-Jacques Rousseau (1712-1778), ao qual voltaremos a referir mais adiante, expressou uma admirável intuição em seu ensaio sobre a origem da linguagem humana. Ele presumia que a linguagem oral que nos caracteriza como seres humanos provém, em última instância, de nossa aptidão para o amor – e, portanto, para nossa união livre. Segundo o citado autor, somente nosso livre olhar voltado a outrem e nosso sentimento de união com outra pessoa nos torna aptos a ver esse outro ser ou coisa não simplesmente como material para satisfação de nossos próprios interesses, mas também para reconhecê-lo como um ser independente e, por isso mesmo, dar-lhe um nome próprio.

Da hipótese de que nossa linguagem oral humana, presumivelmente, tenha muito a ver com nossas aptidões para a liberdade e a união, não se pode concluir que a linguagem sempre tenha sido utilizada exclusivamente nesse sentido. O que ocorre com a linguagem é semelhante ao que sucede com muitas invenções, por exemplo, a da criação de animais antes referida: uma vez disponíveis, elas se prestam tanto para a violência e a desconstrução da liberdade como para o sentido de ligação e liberdade.

A qualidade específica da linguagem oral humana composta de palavras e sons deriva de seu interagir em três dimensões:

a) Uma determinada sequência de sons ou, posteriormente, de sinais escritos (por exemplo, a palavra maçã compõe-se dos quatro sinais de sons e letras M, A, Ç, Ã);

b) Designa uma determinada coisa (por exemplo, aquela fruta que denominamos "maçã" e que, de modo algum, tem algo a ver, por natureza, com essa sequência de sinais de sons e letras).

Mas o aspecto realmente interessante da linguagem humana é a terceira dimensão:

c) Os sons e as letras associam em nosso cérebro não apenas a imagem de uma maçã, mas também acionam simultaneamente uma multiplicidade de emoções e sentimentos que, no decurso de nossa vida, associamos com essa fruta. Nesse sentido, a palavra "maçã" evoca em nós não somente o gosto do sumo e a qualidade doce, mas ainda recordações ligadas a muitos outros sentimentos e situações em que maçãs estavam presentes. É só pensar na maçã da "árvore do conhecimento" na história de Adão e Eva.

A diferença entre a linguagem oral humana composta e os sinais acústicos do reino animal não consiste, por conseguinte, unicamente na multiplicidade sem fim de palavras "aprendíveis" e comunicáveis e dos correspondentes conteúdos por elas designados. O que também é essencial é a organização de nossas emoções e sentimentos, portanto, de nossa própria vida em seu conjunto, organização essa que só é possibilitada justamente por essa multiplicidade de palavras.

No cérebro, ficam armazenadas as palavras aprendidas juntamente com os conteúdos por elas assinalados, bem como seus significados emocionais conexos. É assim que surgem o "saber" e o "conhecimento".

"Pensar" é uma aptidão aparentada com o saber e o conhecimento e que consiste em "re-fletir" no próprio cérebro o nexo entre coisas ou outras pessoas e o nosso próprio mundo de sentimentos, de modo a poder descobrir ou mesmo inventar contextos inteiramente novos. "Consciência", no sentido próprio da palavra, origina-se no momento em que o próprio saber e pensar se tornam objeto do conhecimento e do pensar.

É onde se fecha o circuito e voltamos ao início desta seção: da mesma forma como nossa linguagem humana composta de palavras presumivelmente desponta de nossa capacidade de livre união ou amor, assim também o potencial de nossa consciência – ou, dito de outra forma, de nosso ser consciente – está ligado a ambas essas aptidões. Sem estar internamente livre e unido, posso pensar e construir todo o possível e imaginável e, assim, forçar a ocorrência de alguma coisa, mas não conseguirei perceber realmente as coisas como elas são a partir de si mesmas e em sua interligação. Só posso estar, no melhor sentido da palavra, "consciente" de outras coisas ou seres, ou mesmo de mim quando, de minha parte, eu próprio estou livre das emoções de receio ou poder que turvam minha percepção, e também quando eu, por outro lado, me sinto ligado/unido a essas coisas, seres ou a mim mesmo.

A descoberta da sabedoria do amor

Com a invenção da horticultura, da comunicação por meio da linguagem e de outras técnicas culturais primitivas, desabrochou a possibilidade de que existissem sociedades humanas já não tão fortemente dependentes de seu meio ambiente imediato como o eram os clãs mais antigos. E, assim, elas fundaram em lugares apropriados assentamentos duradouros e complexos ou, respectivamente, cidades primitivas. Essas novas sociedades dos primórdios da Idade da Pedra eram organizadas em moldes matriarcais[1].

A partir do ano 2000 a.C., as culturas urbanas, até então relativamente pacíficas, sofreram alterações em consequência de conquistas de cunho patriarcal. Surgiram então grandes civilizações, como as da Babilônia, Egito e China, dominadas por estruturas de poder predominantemente patriarcais.

---

1. Quem se interessar pelo assunto, pode consultar os livros de Heide Göttner-Abendroth (2010), *Das Matriarchat. Geschichte seiner Erforschung* (*O matriarcado. História de sua pesquisa*), ou também de Marija Gimbutas (1995), *Die Sprache der Göttin. Das verschüttete Symbolsystem der westlichen Zivilisation* (*A linguagem da deusa. O sistema simbólico enterrado da civilização ocidental*). Cf. tb. www.wissen.de/chronik-der-frauen-frauen-schufen-neolithische revolution-ackerbau-und-matriarchat.

Elas passaram a utilizar de forma totalmente única as inovações culturais e econômicas da época anterior. Pela primeira vez, organizaram gigantescas populações – feito apenas possibilitado com auxílio de meios militares e ideologias míticas que restringiam, com maior ou menor alcance, tanto a liberdade como as intenções amorosas de seus habitantes. Por esse motivo, essas civilizações, passadas suas fases de florescimento mais ou menos prolongadas, acabaram por fracassar devido a desavenças endógenas ou exógenas, autodestruições ou guerras.

Entre 600 e 400 a.C., o povo helênico conseguiu uma inovação da cultura pautada pela tendência cultural que teve numerosas consequências para toda a história posterior da humanidade. As reformas políticas de Sólon, Clístenes e Péricles voltaram-se contra excessivas diferenças de posses, bem como contra a escravidão por endividamento, e lançaram as bases para a democracia e o direito exigível por parte do indivíduo. Sob o governo de Péricles, teve lugar uma inovação cultural muito marcante e de grandes consequências: a filosofia passou a ser a primeira forma de livre pensar e pesquisar. Os antigos gregos formavam um povo mercantil que entrara em contato com muitas outras culturas. Esse episódio levou alguns de seus mais corajosos representantes a colocarem-se a questão relativa às causas do fato de outros povos terem, cada qual, seus próprios deuses, dos quais diziam respectivamente serem os únicos verdadeiros ou certos. Daí resultaram conversações sobre qual seria a real causa de todas as coisas, qual o papel do ser humano no todo do universo, qual o sentido do ser humano e do que ele precisa para ser feliz.

Os que levantaram e discutiram tais questões com particular coragem e isenção de preconceitos foram os primeiros filósofos, que tanto naquele tempo como ainda hoje eram e são objeto de estima e consideração: Tales, Heráclito, Pitágoras, Sócrates, Anaxágoras, Platão, Epicuro, entre outros. Eles fundaram as primeiras escolas com a intenção de ajudar outras pessoas a terem uma autoconsciência livre.

Na mesma época, arte, cultura e arquitetura vicejaram com grande pujança. Isso se manifestava, entre outras coisas, no surgimento dos primeiros teatros, museus e jogos olímpicos, incentivados inclusive pelo Estado, possibilitando a uma vasta gama de cidadãos a expansão de seus potenciais criativos.

A filosofia e a arte alcançaram sua fase alta no governo de Péricles. Há várias razões a sugerirem que essa conquista só pôde ser bem-sucedida porque Péricles, em sua fase mais criativa e eficaz, foi acompanhado e inspirado por uma companheira empenhada em prol do direito fundamental do amor: Aspásia. Aspásia era uma assim chamada hetera, expressão com que se designava a profissão ou o modo de viver, hoje geralmente desconhecidos, exercidos por mulheres e, às vezes, também homens, que consideravam como sua missão a de propiciar a outras pessoas experiências de beleza e amor. Para isso havia naquele tempo escolas especiais.

Aspásia havia frequentado uma dessas escolas. Era tão prendada que o rei da Pérsia se apaixonou por ela, tornando-a sua companheira. Contudo, sua voz interior chamou-a de volta para Atenas onde, com o dinheiro que lhe doara o rei da Pérsia, fundou uma escola própria, especializada em assuntos do amor, que alcançou grande influência. Nesse meio tempo, Péricles foi eleito chefe de governo em Atenas e formou com Aspásia, no melhor sentido da palavra, um "casal-rei" de amor. Suas ideias, inspirações e atos cocriativos levaram ao estabelecimento, por vários anos, de um espaço cultural até então inédito para a expansão do potencial humano.

É certo que os antigos interesses patriarcais de poder voltaram a impor-se em Atenas acarretando, com as correspondentes guerras, a decadência desse precoce e intenso florescer de uma cultura e sociedade humanas. Entretanto, em matéria de amor, suas inovações sociais, estéticas e espirituais continuaram a ser transmitidas subliminarmente. Passados alguns séculos, haviam chegado primeiro ao Oriente e posteriormente à Europa e à América, abrindo novos espaços de autorrealização humana. A filosofia (cujo significado literal designa, não por acaso, "amor da sabedoria", integrando por vezes ambos os aspectos na "sabedoria do amor") foi o que, como nova forma de linguagem e atividade, provocou recorrentes surtos da sabedoria humana do amor em quase todos os séculos que se seguiram.

Uma das grandes inovações subsequentes na área do amor é hoje conhecida por toda parte em nosso meio cultural ocidental e mantém-se extremamente eficaz até a atualidade: o cristianismo, originado do chamado "movimento jesuânico". Seu forte ponto de partida na energia do amor constitui o centro da exposição feita por Anselm Grün na presente obra e, portanto, não será tratado aqui com mais pormenores. O que interessa neste contexto, porém, é que justamente nos tempos mais recentes vão surgindo em número crescente pesquisas sobre até que ponto o amor, como razão de existir, teria sido a mensagem central do cristianismo primitivo e como esse fato foi, nas formas históricas dessa religião, várias vezes suplantado por forças de dominação e agressão.

À semelhança do cristianismo, outras grandes religiões da história da humanidade também constituíram formas culturais de autoconscientização nessa linha evolutiva do amor, apesar de tendências contrárias terem reiteradamente conseguido impor-se dentro de cada uma dessas religiões. Exemplo claro nesse sentido é o budismo. Ashoka foi o dominador do reino indiano no ano 270 a.C. e governou nos primeiros doze anos da mesma forma que outros governantes antes dele: guerreando para manter seguro seu reino e ampliar suas fronteiras. Ao entrar em contato com a visão budista do mundo, pautada pelo amor, ele transformou totalmente a si mesmo, sua política e seu país. Tornou-se um dos mais influentes inovadores da história no sentido de paz e amor como fenômenos sociais. Desde 260 a.C., ele passou a usar a força de seu cargo para fazer com que, em seu reino, as emoções decisivas não fossem mais violência, crueldade, soberba e inveja, mas sim empatia, perdão, liberdade e ternura. Somente pessoas com essas qualidades eram admitidas como amigos e funcionários do seu Estado. Pessoas pobres e vítimas de sofrimentos recebiam auxílio. Guerras foram suprimidas. Um escalão inteiro da administração pública (Dharma-Mahamatras) recebeu o encargo exclusivo de assegurar e corroborar o bem-estar espiritual da população e a paz interna e externa da Índia. Ashoka extinguiu do direito e da jurisprudência aspectos como vingança e violência e transformou um como a outra em instrumentos de justiça e reconciliação. Fomentou a formação mental e a educação moral, assim como incentivou as artes. Deu ainda um exemplo extraordinário de como um gigantesco país como a Índia daqueles tempos pôde ser transformado de modo racional, pacífico e motivado por amor, moral e estética. As mudanças alcançaram uma profundidade, uma grandeza e um grau de construtividade superiores às de uma revolução violenta em qualquer outra parte do mundo.

Mas também em épocas posteriores houve numerosas inovações sociais que, motivadas pelo amor, geraram semelhantes fases positivas ou que, em parte, pelo menos fortaleceram e ajudaram a marcar mais destacadamente a linha evolucionária do amor em determinados povos ou em toda a humanidade. Tanto o movimento de libertação da América do século XVII como o da França no século XVIII acarretaram, apesar de todos os retrocessos, o reconhecimento e a instauração jurídica e democrática dos direitos humanos em grande parte do mundo; a abolição da escravatura; a imposição e a garantia jurídica da equiparação dos direitos da mulher; a introdução do direito generalizado à educação e aos sistemas de seguridade social em um número crescente de países em todo o mundo; e a fundação das instituições – ainda relativamente fracas – de justiça e responsabilidade em nível global, tais como ONU e Unesco. Tudo isso é, em definitivo, expressão do amor na esfera política.

Mesmo assim, embora já estabelecidas politicamente, as energias do amor ainda estão em menor ou maior grau eivadas e restringidas pelos interesses patriarcais anteriormente descritos. De certo modo, é mesmo possível afirmar que a história da humanidade até hoje tem sido e continua sendo de idas e vindas, avanços e retrocessos de sistemas sociais pautados pelo amor e de sistemas sociais orientados pela agressividade.

Humberto Maturana escreveu uma obra, de leitura recomendável, com muitos detalhes sobre a origem do humanitarismo na biologia do amor. Para ele, há duas linhas nitidamente diferentes de evolução na história da humanidade: a linha do amor e a linha da dominação (MATURANA, 2009). Reportando-se a pesquisas do antropólogo holandês Frans de Waal, Maturana intitula esta última com uma expressão que não dispensa uma pitada humorística, já que representa, na utilização de técnicas culturais, o prosseguimento de estruturas sociais pré-humanas baseadas na agressão, dando-lhe o epíteto de "chimpanzoide". No âmbito de um estudo cuidadoso e prolongado, esse cientista tomou como objeto de observação um grupo de chimpanzés com cerca de 25 crianças, jovens e adultos, machos e fêmeas, num grande cercado do zoológico holandês de Arnheim. Com base no observado, concluiu que as interações entre chimpanzés adultos ocorriam geralmente numa permanente dinâmica de dominação e subjugação. Também chimpanzés vivendo em condições selvagens ficam geralmente ocupados em instrumentalizar-se mutuamente numa luta incessante por dominação e subjugação. Por sua vez, as relações entre as chimpanzés-mães e seus filhotes caracterizavam-se por atos de cuidado, enquanto os filhotes apresentavam um inter-relacionamento de caráter lúdico. Mas o estudo demonstrou que o ambiente básico reinante no grupo de chimpanzés era de uma permanente dinâmica de concorrência em busca de dominação e subjugação que, ao surgirem conflitos, passava a englobar todos os grupos etários (DE WAAL, 1998).

Daí a conclusão de que as crises ecológicas e sociais hodiernas são causadas, em última instância, por práticas "chimpanzoides" ou, respectivamente, patriarcais. Eis por que, apesar de todo o empenho de técnicas ecológicas e sociais, até o momento não houve nenhuma transformação bem-sucedida de sociedades modernas rumo a uma economia e cultura sustentáveis.

Antes de passar a esboçar algumas perspectivas de transformação guiadas pelo amor, recordo aqui alguns saltos dados pelo processo social no século passado que podem ser concebidos como primeiras tentativas de verdadeiras culturas do amor.

O primeiro salto desse tipo aconteceu, já nos primórdios do século XX, particularmente nas metrópoles ocidentais que, na esteira da globalização econômica, tornaram-se os pontos de partida também de uma globalização cultural. Romperam-se então formas sociais e culturais parcialmente reinantes durante séculos, cultural e eticamente congeladas e em parte questionadas por obra de contatos interculturais e, em parte, de novas conquistas do conhecimento científico sobre a natureza do ser humano. Entre essas últimas, encontra-se com um papel determinante a contribuição da Psicologia para entender a dinâmica emotiva da vida humana, particularmente graças às conquistas cognitivas de Sigmund Freud e seguidores de sua escola. Além disso, surgiram também as primeiras pesquisas socioantropológicas sobre formas culturais primitivas da vida e do amor humanos, ainda presentes em longínquos recantos da Terra, parte das quais com características matriarcais. Daí derivaram numerosas formas novas de arte e cultura, mas também de economia e sociedade, de amor e atitude comunitária que se fazem presentes tanto em metrópoles como Paris, Nova York e Berlim como em experimentos pedagógicos e socioculturais, a exemplo do Monte Verità ou de Dresden-Hellerau.

A recaída à barbárie na forma das duas guerras mundiais desencadeadas pelas forças opostas, próprias das velhas culturas patriarcais impulsionadas pela ambição de dominação e agressão, fez com que se perdesse por longo tempo grande parte dessa nova liberdade e criatividade do amor. Foi necessário esperar meio século até que elas voltassem à tona com maior nitidez e impacto no curso da chamada revolução cultural de 1968. Mesmo que algumas vezes, na ocasião, como ocorre em muitos levantes contra estruturas patriarcais esclerosadas, tenha-se lançado fora a criança juntamente com a água do banho e que se tenha ousado experimentar arbitrariedades de amor que já não eram amorosas mas radicalmente exageradas; mesmo assim esse movimento deixou profundos rastros culturais particularmente na camada juvenil. Desde então, esses vestígios vêm-se progressivamente impondo em numerosas sociedades ocidentais. A total equiparação de direitos da mulher, finalmente alcançada, o direito de escolha livre sobre ser ou não ser mãe ("direito ao aborto"), mas também o início do pensamento ecológico e presumivelmente até mesmo a derrubada do muro entre Oriente e Ocidente em 1989, que até então era preservado pelas forças interessadas em dominação e agressão – tudo isso vai, em última instância, na conta daquele salto cultural.

2 Amor consciente e cocriatividade como potencial do futuro

Pela primeira vez na história a sobrevida física da humanidade está na dependência de uma radical transformação psicológica do ser humano. [...] Se quisermos aprender a amar, temos de proceder exatamente como quando desejamos aprender qualquer outra arte, como por exemplo a música, a pintura, a marcenaria ou a arte da medicina ou da técnica.

Erich Fromm (1979, p. 24; 1993, p. 16).

Tendo por pano de fundo a exposição feita até aqui, pode-se compreender que o pensamento de Erich Fromm não reflete mera ficção, mas sim um fato nu e cru. Existe, sim, uma "linha evolucionária do amor", a qual teve início há cerca de quatro milhões de anos, quando a pessoa começou a desenvolver seu caráter humano a partir da expansão e da estabilização de assistência, confiança, ternura, linguagem, inteligência e cocriatividade.

Esses potenciais do amor constituem, porém, apenas uma dimensão de nossa emotividade. Sob condições desfavoráveis ou por força das respectivas estruturas de dominação e educação, as pessoas podem tornar-se ou desenvolver-se até virarem agentes agressores e opressores avessos ao amor, suplantando a linha do amor. E quando a cultura e a sociedade em que as pessoas crescem não são predominantemente nem avessas nem afins ao amor, mas sim uma mistura historicamente surgida de ambas as linhas, as pessoas que nelas vivem também serão, na maioria dos casos, misturas individuais de ambas as linhas. É o que vale para a maior parte de nossas sociedades modernas.

Por conseguinte, a influência positiva do cristianismo, do budismo, do judaísmo ou de outros impulsos religiosos – que em seu cerne sempre foram movimentos da consciência do amor, como exposto anteriormente –, os impactos positivos da filosofia humanista, da ciência, da formação e o trabalho cotidiano de amor das mães, dos pais, dos parentes e dos amigos moldaram profundamente numerosos momentos de amor em nossas sociedades modernas.

Simultaneamente, entretanto, esses momentos sofrem o bloqueio, os transtornos causados por diversos outros momentos da política de interesses patriarcais, sendo mesmo por eles suplantados, influenciando de múltiplas formas não só a área política e econômica, mas também educação, ciência e cultura. Mesmo nas linhas culturais modernas, que à primeira vista corroboram as linhas do amor, como, por exemplo, o ensino de sexualidade, ética ou religião nas escolas, percebe-se, olhando bem, o estreito entrelaçamento de ambas as estruturas emocionais. Dificilmente uma dessas formas de educação e ensino levam os alunos a uma autêntica autoconsciência do amor, mas sim ativam apenas alguns momentos da mesma, deixando-os pouco refletidos e escassamente desenvolvidos.

Nem por isso se pretende afirmar que as escolas do futuro transmitirão unicamente a emotividade pura do amor. Visto que a biologia do ser humano (cf. será exposto a seguir) também inclui as demais linhas emocionais "chimpanzoides", deve-se conscientizar também essas linhas e dar a conhecer suas formas de realização tanto emocionais como no âmbito da história cultural. Somente compreendendo-as e exercitando-as é possível fazer surgir a aptidão para lidar de modo construtivo com elas.

Contudo, também será um ponto decisivo para a expansão desimpedida e livre do potencial e da cocriatividade à medida que, apesar de todo o condicionamento histórico com suas resistências e contratendências, o maior número possível de pessoas estiver em condições, individual e coletivamente, de tomar conhecimento em si e à sua volta das linhas do amor, de compreendê-las e de expandi-las em outras pessoas e nas estruturas estabelecidas.

Sem dúvida, os modernos sistemas de ensino provindos da irrupção da sociedade industrial há cerca de duzentos anos continuam a transmitir em primeiro plano os conhecimentos exigidos para esse processo, mas não realizam a necessidade de expandir as linhas do amor. Enquanto isso assim permanecer, irá surgindo uma situação paradoxal: por um lado, a juventude de nossas sociedades estará cada vez mais em condições, graças à internet, de explorar seus próprios caminhos de aprendizado e desenvolvimento, independentemente de seus pais e mestres e graças à disponibilidade existente na rede mundial para um grande número de canções, livros, filmes etc. pautados pela linha do amor e aptos a ativarem e corroborarem na juventude esse lado da emotividade. Por outro lado, porém, ao entrar nas formas estabelecidas de economia, política, ensino e ciência – fato inevitável pelo menos para a maioria das pessoas obrigadas pela necessidade de buscar seu próprio sustento –, a juventude se vê na contingência de suprimir tal emocionalidade moldada sob o princípio do amor. Mais tarde, frequentemente, a consequência será que as pessoas assim condicionadas procurarão viver e fomentar as energias do amor no seu âmbito pessoal ou no quadro de um engajamento voluntário. Simultaneamente, elas se adaptarão às formas dominantes da economia e da política de forma a tomarem parte, consciente ou inconscientemente, no processo econômico e político de supressão do amor tanto em si mesmas como nas demais pessoas, assim como na destruição das bases ecológicas da vida.

Algumas tendências e inovações do atual momento que conseguem expandir-se com mais desenvoltura a partir do amor serão examinadas a seguir. Para melhor compreendê-las, introduzo aqui um texto teórico sobre a matriz emocional do ser humano, da sociedade e da cultura. Trata-se do resultado de um projeto interdisciplinar de pesquisa na área das ciências naturais e humanas. Com esse produto, torna-se possível obter uma compreensão relativamente holística, ou também integrativa, do ser humano e da sociedade. A teoria da matriz emocional será aqui apresentada apenas sumariamente. A quem se interessar mais pelo assunto, recomendo o livro homônimo *Die emotionale Matrix* (*A matriz emocional*) (HOSANG et al., 2005).

Emoções desempenham um papel central não somente para o sentir individual, mas também para o comportamento das pessoas na sociedade. Nós, humanos, não dispomos de nenhum instinto geneticamente fixo. Ao contrário do reino animal, somos seres vivos dotados de um instinto aberto. Mesmo assim, nosso comportamento normalmente não é determinado a partir de fora, com uma coação exercida por estruturas e instituições sociais, mas sim a partir de dentro, por estruturas internas de motivações. E é isso que são as emoções. Nós, humanos, agimos com base em nossas emoções formadas em uma sociedade e cultura determinada, fundamentados em nossos receios e sentimentos de amor, conhecimento e sentido. Esses sentimentos condensam-se até formarem motivações concretas de modo a nos levar a agir por costume ou por entusiasmo, como também a recusar todo e qualquer agir.

É bem possível que esse forte significado de emoções para a vida e para o agir humanos seja, para um indivíduo de algum modo autoconsciente, intuitivamente claro e certo. Mas para o sistema da sociedade em seu conjunto ainda falta muito para que esse significado seja realmente conhecido e reconhecido. Ao contrário, dado que o sentir, de maneira oposta do pensar, é geralmente associado com feminilidade, segue-se que o sentir é predominantemente negligenciado em culturas marcadas pelo patriarcalismo.

Uma das obras mais influentes na história do conhecimento humano – a *Ética*, de Baruch Spinoza – havia destacado, já no século XVII, a importância central de emoções e sentimentos para as estruturas sociais, contendo inclusive uma primeira sistematização moderna do assunto. Filósofos e cientistas posteriores reportaram-se a Spinoza sob vários aspectos, mas relegaram ao segundo plano o conteúdo – a saber, o conhecimento dos sentimentos – para colocar em primeiro plano a forma, ou seja, a sistemática mais racional possível da natureza, sociedade e cultura.

Os fundadores da moderna ciência da sociedade realizaram uma certa reabilitação teórica das emoções e sentimentos. O reconhecimento de que, compartilhados, os sentimentos morais e, respectivamente, os sociais constituem as forças integradoras essenciais para o agir humano em contextos sociais, encontra-se em todos os pioneiros intelectuais da Sociologia, entre eles Émile Durkheim, Georg Simmel, Sigmund Freud e Max Weber.

Já Émile Durkheim, cujos impulsos teóricos ainda influenciam numerosas teorias sociais hodiernas, havia identificado alguns sentimentos que possuem uma significação central para processos sociais. O conceito de solidariedade – de importância central para o desenvolvimento da divisão social do trabalho – pressupõe uma espécie de amor entre todas as pessoas envolvidas: solidariedade quer dizer que as pessoas se amam e "se juntam umas às outras e a uma só e mesma sociedade da qual participam" (DURKHEIM, 1999, p. 13). Sua admirável tese reza que inclusive a divisão social do trabalho tem uma única função "verdadeira", a de produzir o sentimento de solidariedade: "Sua verdadeira função consiste em produzir um sentimento de solidariedade entre duas ou mais pessoas..." (p. 102).

Segundo Durkheim, consciência social ou coletiva, enquanto força essencial para a formação da identidade de todas as unidades sociais de maior ou menor porte, constitui em última instância um fenômeno emotivo-moral: "A totalidade das convicções e sentimentos religiosos, na média dos membros de uma determinada sociedade, constitui um sistema delimitado que possui uma vida própria; poder-se-ia denominar esta totalidade como a consciência comum ou coletiva" (p. 128).

Reflexões ainda mais interessantes para nosso tema são as de Max Weber. Ele pesquisou a razão pela qual o capitalismo conseguiu impor-se primeiramente na Europa, embora as aptidões e os pressupostos técnicos também estivessem disponíveis em outros países e em épocas anteriores (WEBER, 1996). Ele chega à conclusão de que essa marcha triunfal do capitalismo moderno se deve a uma mentalidade especial não emocional, introduzida particularmente pela ética protestante de Calvino. Pela primeira vez na história da humanidade tornou-se possível subordinar toda a vida e todo o pensar humanos, assim como todo o agir no trabalho, a um objetivo racional separado dos sentimentos vitais imediatos, momentâneos. O aspecto a destacar nesse contexto é que, na compreensão weberiana, a ética do trabalho faz com que, por um lado, as emoções e os sentimentos se tornem controláveis e suprimíveis, mas também, por outro lado, que esse controle emocional só se efetive graças à força de sentimentos particularmente sublimes como os da fé e do sentido da vida, aliados às emoções de medo ou angústia. Jürgen Gerhards explica tal contexto com as seguintes palavras:

> O autocontrole de afetos e necessidades interiores é o complemento necessário para a construção racional do mundo externo a partir de dentro. [...] O protestantismo ascético significa, nessa versão, uma recodificação de emoções: orientações afetivas de sentido são interpretadas como instintivas e pecaminosas, devendo portanto ser suprimidas e sublimadas em benefício de uma construção pelo critério racional orientado por objetivos. Uma cosmovisão assim estruturada pode ser interpretada como uma fórmula para a superação da angústia gerada pela doutrina da predestinação e focalizada na incerteza sobre a pró-

> pria predeterminação. Somente através de uma tal codificação torna-se viável a formação da era moderna (GERHARDS, 1988, p. 31).

Infelizmente, essa corrente de pesquisa na esteira de Durkheim e Weber constitui uma exceção até o presente. Tomando-se como ponto de partida a teoria originária, tem-se uma explicação para tal fato: a ética do trabalho de cunho calvinista iniciou sua volta triunfal pelo mundo mediante a opressão e a sublimação das emoções. A ciência moderna surgiu exatamente naquela época e, por isso, ficou estagnada até hoje nesse ponto de opressão e sublimação de suas próprias forças propulsivas. Apesar de ser mais do que evidente o fato de que a moderna cultura industrial e do trabalho esteja perigando destruir seus próprios fundamentos de recursos e, assim, preparar seu próprio extermínio, a ciência social dificilmente conseguiu até agora estimular a recodificação das energias de sentimentos e amor previamente codificados para a supressão e o recalque.

Mas a importância de emoções e sentimentos para estruturas de qualquer espécie vem sendo descoberta progressivamente em outras áreas da ciência, baseadas em uma abordagem interdisciplinar, tais como, por exemplo, a *social neuroscience* e a *affective neuroscience*. Nesse contexto, a Sociologia estabelecida encontra afirmações surpreendentes, como as de Humberto Maturana:

> Na história genealógica do ser humano, as emoções precedem a linguagem... A cultura teve início no momento em que a linguagem – enquanto forma de convivência em coordenação consensual de coordenações de ações e emoções – se tornou parte do modo de viver. [...] São as emoções que constituem os âmbitos de ação em que vivemos com nossas diversas conversações, nas quais então vêm à tona os tesouros naturais, as necessidades e as possibilidades (MATURANA, 1994, p. 21ss.).

Emoções e sentimentos existem em grande número e ocorrem em intensidades muito variadas nas diversas culturas e sociedades. Quais são as estruturas básicas caracterizadas como universais, ou seja, transversalmente efetivas em todas as culturas, de modo a estabilizarem em grau determinante os sistemas sociais? Quais são essas emoções fundamentais ou primárias?

Pode-se constatar as estruturas emocionais fundamentais do ser humano, por um lado, a partir de comparações interculturais e, por outro, mediante a compreensão das sucessivas camadas superpostas em sua formação evolutiva. Nesse contexto deve-se distinguir duas qualidades de emoções e sentimentos primários: por um lado, as que se formaram ainda antes da hominização enquanto agentes coordenadores centrais do comportamento animal, continuando portanto a operar no comportamento humano. Por outro lado, as que só se cristalizaram diretamente na fase de transição de sociedades animais para sociedades humanas.

A fim de obter a visão de conjunto mais simples possível sobre a emocionalidade humana, comparo e inter-relaciono a seguir duas dentre as abordagens conceituais mais difundidas hoje em dia a esse respeito: a primeira provém de Abraham Maslow, influente representante da chamada psicologia humanista, que desenvolveu uma pirâmide de necessidades, um conceito que ele define de forma amplamente coincidente com o de emoções.

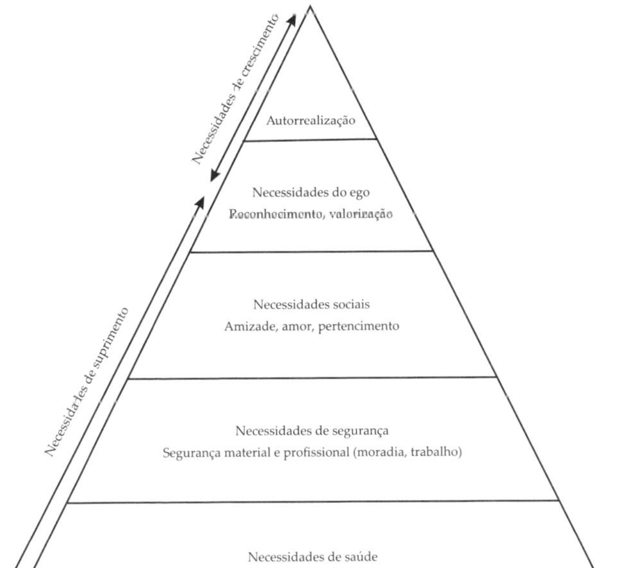

A segunda abordagem conceitual da emotividade humana será aqui tratada mais pormenorizadamente. Ela é derivada da milenar filosofia oriental, que igualmente passou por um filtro os complexos emocionais comuns a todos os humanos e que, no curso da evolução, foram-se progressivamente sobrepondo. Tais complexos foram denominados *chakras*. Pesquisas modernas constataram a esse respeito que tais *chakras* foram localizados no organismo humano exatamente onde se encontram glândulas de grande importância para a emotividade humana. Essa fundamentação fisiológica moderna do saber tradicional sobre os *chakras* corrobora a ideia de que não se trata de simples projeções místicas, mas sim de verdadeiros centros de auto-organização da existência humana.

Níveis de necessidades básicas (segundo A. Maslow) e sentimentos fundamentais em diversas teorias	***Chakras* centrais de doutrinas orientais e localização nas principais glândulas do organismo humano**
Necessidade de crescimento: realização perfeita do potencial próprio, sentimento de transcendência, sentimentos de moral, sentido, falta de sentido etc.	*Sahasrara* *Chakra* da coroa Ponto central do topo da cabeça – glândula pineal (epífise)
Necessidade de crescimento: concepção do mundo, curiosidade e sentimentos ligados ao conhecimento	*Ajna* *Chakra* da testa/ Olho interior – Hipófise
Necessidades sociais: comunicação, sentimentos do compreender, do ser compreendido/não ser compreendido	*Vissudha* *Chakra* da garganta/ Centro de comunicação – Tireoide

Necessidades sociais: simpatia, contato, acolhimento, compaixão, amor etc.	*Anahata* *Chakra* do coração/ Centro do coração – Timo
Necessidades de respeito: emoções de poder, reconhecimento, prestígio, *status*, depressão, insegurança, angústia social etc.	*Manipura* *Chakra* do plexo solar/ Centro umbilical – Pâncreas
Necessidades fisiológicas: emoções de prazer sexual/ desprazer; instintos elementares maternos e grupais, entre outros	*Svadhisthana* *Chakra* do sacro/ Centro do lombo – Gônadas
Necessidades fisiológicas: emoções de fome, sede, sensação de calor, frio, sentimentos de proteção/ medo, entre outros	*Muladhara* *Chakra* raiz de suporte – Glândulas suprarrenais

Comparando a pirâmide de Maslow e a teoria dos *chakras* sobre o ser humano a fim de compreender um significado comum a ambos para conceitos à primeira vista tão divergentes, ver-se-á uma surpreendente concordância dos respectivos níveis (cf. os gráficos – HOSANG et al., 2005).

Mesmo utilizando conceitos totalmente diferentes devido às respectivas referências histórico-culturais específicas, ambas as teorias distinguem e descrevem com um conteúdo amplamente idêntico os diversos níveis emocionais da existência humana. Contudo, não há qualquer indicação na obra de Maslow de que sua pirâmide de necessidades tenha tido sua inspiração no antigo saber. Tal concordância entre a moderna teoria de Maslow e o saber antigo não é apenas surpreendente, mas também um indício positivo referente à veracidade de ambas as teorias. Visto que ambas as formas conceituais de Maslow e dos *chakras* têm sua origem em diferentes culturas, utilizando consequentemente diferentes palavras para as mesmas coisas, segue-se um gráfico apresentando uma visão de conjunto como condensação desses conceitos sobre a emocionalidade fundamental ou existencial do ser humano:

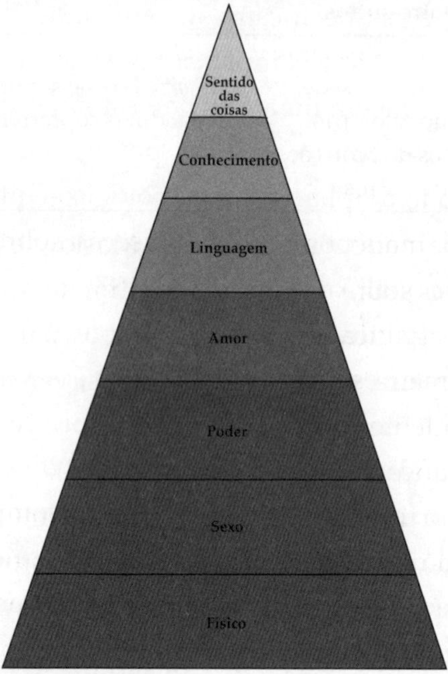

Os níveis emocionais inferiores – físico, sexo e poder – são os que já estavam presentes no reino animal antes da hominização. Eles continuam existentes e ativos nas estruturas humanas. Quando se tornam dominantes na cultura, ocorre então o que Maturana um tanto humoristicamente denomina "política chimpanzoide".

O amor encontra-se destacado no gráfico por um novo matiz diferenciado de modo a representar o começo da emocionalidade especificamente humana. Essa evolução foi pormenorizadamente exposta na primeira parte deste livro por Gerald Hüther. Tomando isso como ponto de partida, pode-se demonstrar que todos os demais sentimentos e potenciais especificamente humanos – quer se trate de empatia e compaixão, quer se trate de dotes de linguagem ou alegria de saber ou do desejo ardente de sentido, e assim por diante – são de certo modo ampliações antropológico-culturais do amor (cf. mais pormenores na seção sobre "a matriz emocional").

Para entender melhor a teoria, deve-se acentuar que todos esses níveis emocionais não existem abstratamente cada qual por si, mas somente em complexa ligação e interação da mais alta diversidade.

Apesar disso, é útil apreender e compreender cada um desses níveis ou camadas emocionais em sua especificidade própria, a fim de obter uma visão mais precisa do agir/comportamento emocional e suas correlações sociais. É possível deduzir de cada um desses níveis subsistemas sociais particulares, ou seja, formas, estruturas e instituições nas quais as diferentes culturas organizam a emocionalidade humana básica. A seguir apresentamos um esquema gráfico simplificado:

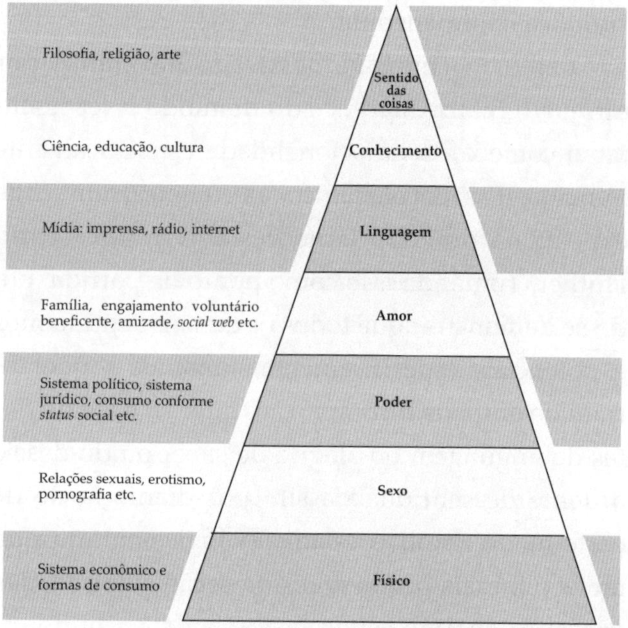

Essa abordagem conceitual da matriz emocional do ser humano e da sociedade, aqui apenas esboçada, tem sobre as demais teorias antropológicas e sociológicas a vantagem de evitar tanto unilateralismos naturalísticos como unilateralismos culturalistas. Dos fundamentos biológico-emocionais da existência humana não se pode deduzir as estruturas e os processos sociais concretos. Pelo contrário, estruturas e processos desenrolam-se com base em condições específicas de ordem histórica, cultural e ecológica, em meio a contradições, inter-relacionamentos e intenções. Mas esses fundamentos biológico-emocionais do comportamento humano influenciam aquelas estruturas e processos: a) por constituírem o enquadramento aberto que possibilita ao comportamento humano simplesmente acontecer e se desenvolver; b) por conferirem às respectivas situações e processos seu "combustível" emocional. As dimensões emocionais representam tanto a transição evolucionária – ocorrida anteriormente – da natureza para a cultura, como os processos imediatos duradouros de mediação de natureza e cultura.

Mais um aspecto interessante dessa teoria biocultural da emocionalidade e da organização social refere-se ao quadro relativamente completo que oferece sobre os diferentes âmbitos das sociedades humanas. Mesmo sendo historicamente muito diversa a forma como as sociedades se organizam nas esferas de economia, sexo, política, amor, sentido das coisas, mídia e cultura, não se encontra uma única sociedade em que falte um desses âmbitos emocionais fundamentais para a existência humana. Quer se trate de clãs de caçadores e coletores, de altas culturas antigas, de cidades medievais ou sociedades modernas: nenhuma delas existe sem esta ou aquela forma de necessidade física, sexo, poder, amor, linguagem, conhecimento e sentido das coisas.

Até hoje, a sociedade e a cultura modernas desenvolveram conscientemente e com forte determinação apenas as partes destacadas em negrito no gráfico. Esses setores são contemplados com grande contingente de pessoal e material para pesquisa e ensino oficial em escolas e universidades. Partes com fundo cinzento no gráfico designam dimensões sem as quais a sociedade moderna nem poderia subsistir, mas que mesmo assim ficaram relegadas aos acasos às contingências pessoais e históricas. Esse fato provavelmente não ocorre fortuitamente, pois as três dimensões referentes ao sexo, ao amor e ao sentido são as que mais imediatamente têm a ver com a linha evolucionária do amor. E sobretudo essa linha do amor, ao longo da qual a hominização outrora se processou de modo decisivo, foi a que formou nos últimos dez mil anos, aproximadamente, o substrato humano inconsciente, mas assim mesmo de importância existencial para as sociedades organizadas predominantemente ao longo da outra linha de nossa emotividade (pautada por concorrência, dominação e subjugação; cf. supra).

Entretanto, também nesses últimos dez milênios aproximadamente de história da humanidade dominada pela "política chimpanzoide", todas as inovações boas e belas na sociedade e na cultura ocorreram sob a inspiração das intenções cada vez mais autoconscientes ligadas à linha do amor. Alguns exemplos já foram citados no capítulo anterior. A partir desses exemplos e das recém-desenvolvidas reflexões teóricas sobre a organização da sociedade, passo agora a formular alguns esboços de como uma sociedade futura poderia se organizar e desenvolver – não só por acaso e parcialmente, mas sim em todas as suas dimensões – com base na linha do amor.

Perspectivas de desenvolvimento para culturas do amor

Sociedades são sistemas altamente complexos de relações econômicas, políticas, culturais, pessoais e demais relações entre pessoas individuais, grupos, associações, instituições, meio ambiente, técnica e muitos outros setores. Eis por que não é fácil compreendê-las e ainda menos fácil alcançar mudanças desejadas sob determinados aspectos. Esboçada na seção anterior, a matriz emocional do ser humano e da sociedade permite, apesar dessa complexidade, diferenciar entre os vários níveis ou áreas existenciais presentes em todas as sociedades, possibilitando assim que se pesquise onde se concretizam princípios ou possibilidades na linha do amor e de que modo apoiá-los com maior energia do que até o presente.

Físico

Este é o nível de necessidades e emoções que organizam as bases físicas da vida do organismo humano e do condicionamento necessário. Em nível de sociedade, essas necessidades e emoções são atendidas pelos diversos setores da economia. Nas longas fases primitivas das sociedades humanas, tais setores constituíam-se de atividades de caça e coleta, posteriormente ampliadas pela horticultura e a criação de animais. Há cerca de dez mil anos, surgiram a partir daí, em algumas sociedades, a lavoura e a pecuária, dando início a uma nova e, sob muitos aspectos, diferente estrutura de organização econômica. O abastecimento com gêneros alimentícios foi sendo cada vez mais realizado por um grupo profissional especializado, cujo saber específico possibilitou rendimentos cada vez mais eficientes. Por esse meio, um número crescente de grupos populacionais foi sendo liberado da produção de alimentos para se concentrar progressivamente em outros ramos econômicos, políticos ou culturais. Concomitantemente, porém, a "linha evolucionária do amor" sofreu repressão por parte da linha de dominação e opressão (cf. supra).

Em última instância, esse processo desembocou na forma hodierna de economia moderna. Por um lado, uma economia altamente efetiva e apta a garantir, com um esforço laboral cada vez menor, alimentos em quantidades maiores do que nunca, assim como uma grande multiplicidade de artigos materiais e técnicos para as diversas áreas vitais.

Por outro lado, inerente a essa economia, a linha de dominação, opressão e agressão teve por efeito colateral o fato de que, por um lado, grande parte da humanidade contemporânea esteja sofrendo penúria material em meio à superprodução econômica e, por outro lado, apesar do conhecimento mais acurado já existente, as bases ecológicas do ser humano e da sociedade estão sendo continuamente destruídas.

Ante esses problemas da economia moderna, desde o seu início, houve críticas e propostas alternativas, por certo. Mas, como ocorreu ultimamente em grande estilo com o chamado "socialismo realmente existente", geralmente essas abordagens alternativas se revelaram retrógradas e, por isso mesmo, malsucedidas. Há alguns anos, vem-se desenvolvendo – tanto em nível teórico como, em ritmo crescente, em nível prático – um novo projeto estrutural econômico que, sem negar as qualidades positivas da economia moderna, rejeita suas características destrutivas e acrescenta-lhe regulações, valores, formas de balanço contábil e funcionamento orientadas pelo amor. Esse novo projeto, em sua breve existência, já surpreendentemente bem-sucedido leva o nome de "Economia do Bem Comum" e está recebendo apoio de milhares de empresários no mundo inteiro[2].

2. Por faltar espaço neste livro, remeto, para mais informações, ao link: https://www.ecogood.org

Outra inovação da economia social claramente reportada à linha do amor é a ideia de uma renda básica incondicional, que vem ganhando progressivamente espaço e importância. Experiências realizadas até agora em algumas sociedades, como Canadá e grupos auto-organizados da Alemanha, têm propiciado resultados claramente positivos tanto para um estilo mais livre como também mais ecológico e saudável para o consumo, a vida humana e o trabalho.

Sexo

Trata-se aqui de necessidades e emoções que originariamente e, em parte, ainda hoje se destinam à procriação e adicionalmente, no caso do ser humano, à expressão do sentimento positivo de ligação integral familiar e extrafamiliar. No nível da sociedade, essa emotividade está organizada segundo a grande multiplicidade histórica das formas familiares e de parentesco. Além disso, em algumas culturas (cf. supra o exemplo de Aspásia) também se praticavam formas de vida e amor em que a energia sexual não se orientava para a procriação física, mas sim para a inspiração cocriativa. Surgiu um conceito específico para designar essa multiplicidade de formas de comunicação que, em maior ou menor grau, incluem também a emocionalidade sexual, sublimando-a ou também cultivando-a mediante a ligação com o amor e/ou a comunicação e/ou o conhecimento e/ou o sentido das coisas: o conceito de erotismo.

Em culturas antigas havia frequentemente ritos sexuais em conexão com ritmos sazonais, ocasião em que as pessoas festejavam e corroboravam seus laços recíprocos, laços com a natureza, família ampliada e clãs mediante a realização de danças ou jogos em grupo. Em períodos áureos das sociedades indianas e arábicas desenvolveram-se e cultivaram-se diferentes formas de cultura erótica que, sob a denominação de *tantra* ou *carezza*, atualmente encontram receptividade também em sociedades ocidentais.

A autora egípcia Shereen El Feki expõe em seu livro *Sex und die Zitadelle: Liebesleben in der sich wandelnden arabischen Welt* (*Sexo e cidadela: Vida de amor no mundo árabe em transição*) como ainda hoje subsistem, nas sociedades relativamente patriarcais existentes, espaços livres para a cultura erótica, outrora presente em múltiplas formas no Oriente. A escritora apresenta argumentos para sua provocante tese de que, sem um lidar mais livre e aberto com esse assunto, o desenvolvimento político-social nas sociedades árabes continuará estagnado.

Em comparação, a atitude da maioria das sociedades modernas ocidentais perante a sexualidade e suas múltiplas formas de prática e inspiração é, desde a revolução cultural de 1968, comparativamente aberta e positiva. Apesar disso, pode-se ousar a tese de que, futuramente, as sociedades afeitas à linha do amor não deixarão que a formação erótica de suas crianças e jovens permaneça no abismo, ainda hoje observado, entre o ensino da biologia e a pornografia de várias faces presentes no mundo virtual. As escolas do futuro dedicarão às três modalidades de emoções – sexo, amor e sentido das coisas – presumivelmente um espaço de saber e experiência numa abrangência semelhante à concedida atualmente às ciências naturais e técnicas. De fato, sexo, amor e sentido das coisas são de grande significado tanto para o sentimento individual de bem-estar e autorreferência como para o bom êxito de famílias e numerosas outras formas de comunicação interpessoal. Pessoas que, aproveitando condições culturais favoráveis, se desenvolverem com maior liberdade e integridade haverão de renunciar, livre e espontaneamente, a muitos produtos materiais desfavoráveis para a vida ou desperdiçadores dos fundamentos ecológicos da vida. No romance *A ilha*, Aldous Huxley conseguiu esboçar um belo projeto de cultura autoconsciente tanto no aspecto ecológico como no erótico.

Poder

Esse conceito de poder abrange as necessidades e as emoções que organizam estruturas sociais complexas mediante a estratégia de dominação e subjugação, respectivamente de direção e disciplina. Na sociedade isso ocorre particularmente por meio dos sistemas de política e direito, mas também em estruturas de *status*, dominação e direção em qualquer área da vida. Por sua vez, o outro aspecto dinâmico que acompanha a hominização em sua essência consiste justamente na relativização das emoções de dominação, tão marcantes nas hordas de primatas, pelas emoções do amor e, mesmo, a substituição daquelas por estas como qualidade central em organizações. Inicialmente, porém, essas emoções "sociais" no melhor sentido da palavra só conseguiam expandir sua eficácia, com impacto suficiente para integrar as contratendências das emoções de dominação, agressão e subjugação, em pequenos grupos de clãs ou assentamentos de menor porte. Apenas após terem surgido formas mais evoluídas e complexas de sociedade é que, frequentemente, inverteram-se as proporções de ambas as qualidades sociais opostas, ou seja, as emoções de dominação voltaram a predominar culturalmente, passando a determinar as estruturas sociais decisivas, ao passo que a emotividade do amor ficou reduzida às relações familiares ou outras áreas privadas.

Não obstante tais fatos, as pessoas e as sociedades, na intenção mais ou menos consciente de cultivar o amor, reiteradamente conseguiram iniciar, ou pelo menos concretizar parcialmente, tendências que se opunham a estruturas sociais marcadas pelas emoções de poder ou desumanizadas. Em última instância, as modernas sociedades ocidentais devem seus sucessos políticos, econômicos e culturais principalmente a tais "revoluções do amor". Mesmo assim, numerosos setores decisivos das sociedades modernas, particularmente os da política, economia e, com base nesses dois setores, a mídia, a ciência e os sistemas de ensino e sentido das coisas, continuam impregnados pela emocionalidade de dominação, concorrência e subjugação.

Dado o fato de que sociedades complexas nunca poderão ser organizadas com base na comunicação direta entre todos os setores, necessitando de estruturas mediatizadas de decisão e direção, sempre existirão concomitantemente, em maior ou menor medida, os momentos de dominação e concorrência. Mas o aspecto decisivo nesse contexto é se tais momentos dão efetivamente o tom e determinam o modo de organização ou se, pelo contrário, são apenas mediadores no conjunto de qualidades caracterizáveis em última análise como de espírito cooperativo e cocriativo.

Tendo como referência esse pano de fundo, o filósofo social Michel Foucault escreveu ser necessário "compreender" o fato de que o poder não está localizado no aparelho do Estado e que nada na sociedade será mudado sem que se troquem os mecanismos de poder exteriores, subjacentes e paralelos ao aparelho estatal a funcionarem em nível muito inferior, cotidiano (1976, p. 95).

De modo semelhante, o neurobiólogo Humberto Maturana descreve tal problema: "Nossas atuais dificuldades não consistem no fato de não dispormos de suficiente saber ou de capacidades técnicas; nossas dificuldades do presente derivam da falta de sensibilidade [...], são consequência da perda que sofremos por estarmos inseridos forçosamente nos discursos de conquista, poder, controle sobre a vida e a natureza a marcarem determinantemente nossa cultura patriarcal" (MATURANA, 1994, p. 21ss.).

Os projetos contrários surgidos nos últimos séculos, voltados para fundamentais transformações políticas, ou bem conformavam estruturas de dominação e subjugação apenas legitimadas com uma outra cultura, como foi o caso do "socialismo realmente existente", ou bem acabaram fracassando por terem procurado recalcar – em vez de integrar – a emocionalidade de dominação biologicamente sempre existente no ser humano, como foi o caso das numerosas tentativas de democracia pelas bases ou de democracia de consenso empreendidas pelo chamado movimento alternativo.

O futuro não apenas da sociedade ocidental, mas também do humano e da Terra em seu todo depende, sob múltiplos aspectos, da implementação de formas de organização política e, daí derivada, econômica, com características predominantemente cocriativas e não opressoras. Sob o conceito de "holocracia" está se desenvolvendo nos últimos anos uma forma integrativa muito promissora de organização política, mas também de integração social e econômica (tanto para estruturas societárias imediatas como para as mais complexas). Nesse contexto, sai de cena o líder clássico e heroico que efetua suas ações mediante coação mais ou menos sutil e avessa a um consenso voluntário por parte do membro da organização, e entra em cena uma liderança marcada pela cocriatividade, liberando assim a criatividade de um número muito maior de pessoas e motivando-as para a ação. Lá onde a holocracia consegue ser bem-sucedida, observa-se na maioria dos casos o surgimento de empresas e organizações com sucesso tanto econômico como humano[3].

Amor

Este conceito abarca emoções e sentimentos que possibilitam sentir cada uma das outras pessoas e mesmo cada um dos outros seres vivos não como um objeto, mas sim como um sujeito em si próprio e assim construir, nessa base, relações cooperativas e processos evolutivos cheios de confiança. Nas rela-

---

3. Mais informações sobre o assunto estão disponíveis em http://tsrconsulting.de/news-2/news-april-2014/holakratie-das-organisationskonzept-des-21-jahrhunderts/ e também em http://www.holacracy.org (ou em português: https://holacracia brasil.com/).

ções entre homem e mulher ou em outras formas de parceria, tais emoções ficam frequentemente entretecidas com o aspecto sexual. Mas ocorre primeiramente fazer uma distinção fundamental a esse respeito, pois no contexto sexual o que se pretende antes de tudo é a satisfação do prazer próprio, ao passo que o amor está voltado à livre expansão e à felicidade de todos os envolvidos. A partir da integração consciente do amor e do prazer, tornam-se possíveis múltiplos momentos de integral satisfação dos sentidos e da alegria de viver.

Na organização e na história social, a emocionalidade do amor possibilitou o surgimento de todas as estruturas, iniciativas e processos em que indivíduos e grupos se engajam pela livre existência e expansão de outras pessoas. Fazem parte desse espectro, em nossa cultura hodierna, numerosas formas de atividade voluntária e beneficente, tanto para o bem de pessoas desfavorecidas ou necessitadas no próprio país ou no exterior, como em prol da promoção de alunos particularmente prendados ou para a proteção de animais. Além disso, os sentimentos do amor também inspiram o desenvolvimento da democracia e do direito, assim como o surgimento de importantes obras de arte, filosofias e religiões.

Também nas relações primárias entre as pessoas existe uma qualidade que mais do que qualquer outra leva a reconhecer nos outros alguém de iguais direitos e dignidade: a amizade. Não por acaso o fenômeno da amizade atraiu a atenção prática e teórica de renomados filósofos, como Aristóteles, Khalil Gibran ou Michel Foucault. Aristóteles descreveu a amizade como a virtude mais bela e necessária na vida das pessoas. Onde existem amigos, lá não há necessidade de justiça, visto que amigos são sempre justos. Amigos se amam uns aos outros pelo que a pessoa é e não por qualquer outra coisa. Para Foucault, a amizade é uma forma de relacionamento ainda destituída de estrutura, uma forma existente fora de qualquer interesse ou ligação institucional ou familiar e para a qual não há lei, regra ou costume disponíveis. E Khalil Gibran antevê um futuro em que se haverá de estabelecer muitos contratos de amizade.

O conceito de amizade tem fortes conotações com ambos os níveis de concretização prática do amor aludidos no subtítulo deste livro: a pessoa individual sempre conseguirá expandir-se do melhor modo possível quando perceber que amigos não apenas apoiam essa sua livre expansão, mas também alegram-se diretamente com ela. E é nesse clima amoroso, no qual duas ou mais pessoas intercambiam essa alegria na livre expansão recíproca de todos os seus potenciais, que frequentemente também surge uma forte cocriatividade, seja qual for o setor em que isso se exprima – economia, política, ciência ou arte.

Indo mais adiante em nossas reflexões sob o prisma de nosso tema, podemos presumir o seguinte: culturas do amor serão futuramente, em primeira linha, culturas da amizade e da cocriatividade. Dito de outra forma: em seus âmbitos de atuação ou vida – economia, política, ciência ou tempo livre –, as pessoas prestarão atenção sobretudo para que nesses setores surjam e se preservem as qualidades do amor, no sentido de uma cooperação amigável e de cocriatividade entre as pessoas de modo a fomentarem reciprocamente a expansão e a alegria pessoais, assim como, além disso, a de muitas outras pessoas e seres vivos. No intuito de pesquisar com maior profundidade e expandir na prática essa cocriatividade do amor, fundamos alguns fóruns atinentes[4].

Linguagem

Esta expressão designa necessidades e emoções voltadas para múltiplas formas de compreensão recíproca entre as pessoas e para a comunicação social. Tornam-se realidade, por um lado, na convivência direta entre as pessoas, em seu trabalho em conjunto e, por outro, passam a desenvolver-se na história cultural e na medida de uma crescente complexidade societária através de meios especí-

4. Mais informações encontram-se em www.imlove.de

ficos de comunicação, tais como livros, rádio, internet etc. Sociedades humanas – mesmo em casos onde economia e política estejam fortemente marcadas por concorrência e dominação – têm sua própria existência condicionada, em última instância, a uma coordenação mais ou menos consensual de ações e emoções. Eis por que, aos meios de comunicação disponíveis, cabe um grau não insignificante de influência à medida que uma determinada sociedade consegue desenvolver-se em tamanho e complexidade. Culturas complexas de alto nível só se tornam possíveis com o estabelecimento da linguagem escrita. Fenômenos modernos como Iluminismo, democracia, economia e ciência só se tornaram viáveis graças à massiva coordenação de múltiplas informações propiciada pela técnica da imprensa para a publicação de livros e jornais. E, com a introdução da internet, a comunicação social ganhou novo instrumento infinitamente mais complexo e sensível do que todos os até então conhecidos. Tudo indica que assim tenha-se aberto para a sociedade humana uma época inteiramente nova.

Sob o prisma de nosso tema, é interessante observar que os principais pioneiros no desenvolvimento da internet agiram complementando-se reciprocamente de modo cocriativo, levados por motivos que remetem à emotividade do amor. Timothy John Berners-Lee, que desenvolveu e pôs em prática as principais ideias básicas do World Wide

Web, considerava-se um defensor da cosmovisão unitária voltada ao fomento de sociedades com qualidades tais como hierarquias relativamente planas, cooperação harmônica, tolerância e abertura de espírito para a diversidade, o uso da razão e a confiança nos colegas de trabalho. Também os cocriativos pioneiros fundadores do Google, o mais importante instrumento de pesquisa da internet, colocaram como princípio-diretor de toda a sua filosofia empresarial o lema "Não faças nada de mal". Parte de seus lucros operacionais são direcionados para pesquisa e desenvolvimento de produtos necessários para o futuro da humanidade e da Terra. Entre os temas pesquisados encontram-se meios de transporte com menor gasto de insumos e técnica poupadora de energia; mas sobretudo a disponibilização universal de todo e qualquer saber, de toda e qualquer forma de cultura gerada pela humanidade, sem pretender em troca posições de poder.

Atualmente, estamos presenciando apenas o esboço dessa nova era que liberta, das peias do poder e do possuir, a informação, o saber e, portanto, também o saber sobre o amor. Há muitos indícios de que assim estão surgindo as bases técnico-mediais para a cultura mundial do amor no futuro.

Conhecimento

À medida que a hominização vai se realizando na linha evolucionária do amor, também se fortalecem os potenciais do conhecimento, desenvolvidos anteriormente no reino animal apenas em nível incoativo. No dia a dia, esses potenciais recebem o nome de "curiosidade" ou "sede de saber". No decurso da história da cultura, surgiram duas instituições específicas para a utilização e a organização dessa emocionalidade: os sistemas da ciência e do ensino. À semelhança de todas as demais estruturas modernas, também a ciência moderna está marcada tanto pelas intenções ligadas ao amor como pelas voltadas para a dominação. Um bom número de jovens cientistas dá início a suas atividades sob o signo do idealismo do amor mas, cedo ou tarde, veem-se confrontados com a questão de submeterem suas pesquisas aos interesses de utilização econômica ou política. Essa é uma das causas para o fato de que a ciência moderna já conseguiu analisar e documentar muitos conhecimentos minuciosos sobre campos da realidade cobertos pela Física, Química, Biologia, Ciências Sociais etc., sem no entanto ter pesquisado, nem mesmo incoativamente, a temática provavelmente mais importante para a existência humana e o seu futuro: o amor. Em que pese essa tendência negativa, multiplicaram-se nos últimos decênios as reivindicações e impulsos rumo à pesquisa interdisciplinar do amor.

Donella e Dennis Meadows, bem como Jørgen Randers – todos eles cientistas especializados em questões ambientais –, apresentaram com grande clareza tal reivindicação na reedição de seu livro *Limits to Growth: The 30-Year Update* (*Os limites do crescimento: atualização 30 anos depois*). Eles explicam como, na procura por caminhos para mudanças de sistema por meios pacíficos, examinaram numerosos instrumentos, tais como a análise racional, a coleta de dados, o pensar sistêmico, a modelagem computadorizada e as palavras claras, concluindo serem todos "úteis, necessários, mas insuficientes". E consequentemente apontam para outros instrumentos, "que à luz de nossa experiência não são opcionais, mas sim essenciais para qualquer sociedade que deseje sobreviver em longo prazo. Tais instrumentos são muitas vezes considerados como exageradamente 'não científicos' e, portanto, indignos de serem levados a sério pelo cinismo reinante na arena da opinião pública [...]. Trata-se de instrumentos como a 'formulação de uma visão', a 'conexão em rede', a 'expressão da verdade', aprender e amar. Na cultura industrial não é permitido falar de amor, exceto no sentido romântico e trivial. Qualquer pessoa que se refira à capacidade humana de pôr em prática o amor fraterno de irmãos e irmãs, o amor da humanidade como um todo e o de nosso planeta vê-se tratado mais frequentemente como objeto de escárnio do que de consideração". Os autores designam o individualismo e a miopia de interesses como os maiores problemas das sociedades hodiernas e as causas mais profundas de sua insustentabilidade. Para eles, a institucionalização do amor e da empatia em moldes sociais é a melhor solução. "Em sua aventura [ecológica] voltada à redução da 'pegada humana' a um nível sustentável, a humanidade não poderá ser bem-sucedida sem um espírito de parceria global. O colapso será inevitável se as pessoas não aprenderem a ver-se a si mesmas e as demais como partes de uma sociedade global integrada. Isso exige empatia, não apenas no aqui e agora, mas também em lugares distantes e momentos futuros. A humanidade tem de aprender a amar a ideia de um planeta como organismo vivo para gerações futuras" (MEADOWS; MEADOWS & RANDERS, 2004, p. 269ss.).

Nessa ambivalência, o moderno sistema de ensino é semelhante ao da ciência. Nele também as estruturas de dominação e subjugação inerentes solapam as bases do sentido positivo e os fundamentos do ensino organizado para dotar a juventude dos conhecimentos requeridos para o futuro de sua vida e trabalho. Sobre isso, Gerald Hüther já fez uma exposição pormenorizada na contribuição escrita para este livro ao demonstrar, por um lado, como o sistema hodierno de ensino tem, sobre a curiosidade, um efeito mais de freio e bloqueio do que de fomento. Por outro lado, também deixou claro de que maneira a livre expansão e a realização do potencial humano e da cocriatividade poderia ser realmente incrementada pelo sistema de ensino.

Um raio de esperança foi lançado pela pesquisa moderna do amor apresentada no livro da psicóloga e neurobióloga norte-americana Barbara Frederickson, *Die Macht der Liebe. Ein neuer Blick auf das größte Gefühl* (*O poder do amor. Uma nova visão sobre o maior dentre os sentimentos*), publicado há poucos anos. Nele, a autora descreve o amor essencialmente com as seguintes palavras: "O amor não é o que se pensa. Não é um sentimento duradouro e exclusivo, ligado ao relacionamento com uma pessoa especial. O amor consiste de frações de segundos de uma ligação emocional que influenciam positivamente nossa psique, nosso organismo e nosso ambiente social. Toda a nossa vida tira proveito desses breves momentos de ligação com outras pessoas, que nem precisamos necessariamente de conhecer". Na mesma obra, a autora expõe os resultados de suas pesquisas, demonstrando que e como esse tipo de amor pode ser fomentado e, além disso, "por qual razão ele tem o poder de mudar o nosso mundo para o bem" (FREDERICKSON, 2014, p. 302).

Quanto a nós, estamos atualmente desenvolvendo redes de estudos a fim de levar adiante, em diálogo com muitas outras pessoas da ciência e da prática, a pesquisa interdisciplinar e a expansão consciente do amor como força inovadora social, cultural e econômica, e também como o mais humano dentre todos os potenciais humanos[5].

5. Cf. www.imlove.de

Sentido na vida

A necessidade ou a busca nostálgica de sentido na vida é, provavelmente, algo de inato a nós humanos, como o é a fome orgânica ou o prazer sexual. A essa conclusão chega o neurologista e psicólogo Viktor Frankl (2013) em suas pesquisas, relatadas em seu livro *Das Leiden am sinnlosen Leben* (*O sofrimento causado por uma vida sem sentido*) e em outras obras suas. Nesse livro em especial, Frankl expõe ainda as enfermidades psíquicas surgidas em pessoas que, embora fisicamente bem nutridas, chegam à idade adulta em sociedades que não lhes propiciam "alimento" para sua ansiosa busca de sentido na vida.

Em sociedade, a sensação humana que se tem quanto ao sentido na vida encontra expressão e organização nas artes, nas religiões e nas filosofias. Contemplemos sucessivamente cada uma dessas três formas de expressão, a fim de compreendermos até que ponto cada uma delas, em seu âmago, tem algo a ver com o amor.

Em primeiro lugar, o que se refere à arte. O mercado de arte oferece-nos hoje em dia uma multiplicidade de formas que, à primeira vista, mais confundem do que incentivam a busca de sentido. Mas, em verdade, obras de arte percebidas como verdadeira arte, mesmo após séculos, sempre surgiram de seu contexto específico, é claro, mas também da criatividade própria do amor. Vincent van Gogh, um desses grandes artistas, exprime isso da seguinte forma: "Quanto mais se ama, tanto mais se age; amor é mais do que sentimento". E vai além: "A gente deve amar tanto quanto pode. É ali que está a verdadeira força. E quem muito ama, muito age e muito pode. E o que é feito com amor é bem-feito".

Vejamos agora a resposta dada pelas religiões à questão do amor. Visto que Anselm Grün tratará desse tema exaustivamente na parte 3 deste livro, seguem aqui breves linhas sob um outro prisma. Vem-se incrementando desde alguns anos a discussão sobre qual seria o critério de maior importância para uma vida bem-sucedida: o sentido na vida ou a felicidade. Essa discussão é uma expressão moderna do dilema que vem atravessando milênios de história da humanidade e que Hermann Hesse descreveu em seu romance *Narziss und Goldmund* (*Narciso e Goldmundo*) de maneira poética: "Deverá a pessoa, como Goldmundo, ir atrás de uma satisfação continuamente reiterada e da maior abrangência possível para suas necessidades físicas e eróticas ou, antes, como Narciso, renunciar à superficialidade desta felicidade apenas sensual e dedicar-se principalmente à busca de valores eternos?"

Esse aparente dilema logo se resolve quando deixamos de compreender o amor, antes de mais nada, como um assunto romântico de âmbito privado, para passarmos a vê-lo como intuição e busca nostálgica do sentido das coisas. Aurobindo Ghose formulou de modo maravilhoso o resultado final de seu estudo sobre as religiões e filosofias ocidentais e indianas: "O amor é o coroamento e também o caminho para a plena realização de todo ser. Por meio do amor o ser atinge a intensidade plena, a plenitude em todos os sentidos e o êxtase do mais alto encontro de si mesmo. [...] O amor é o poder e a paixão da autofelicidade. Sem amor poderemos atingir a paz extasiada da própria infinitude, o silêncio afundado em si mesmo de *ananda*, mas não experimentaremos a profundidade absoluta, a riqueza e a plenitude próprias do amor. [...] Pois o amor é a coroa do agir e o rebento na árvore do conhecimento" (GHOSE, 1991, p. 558ss.). A palavra *ananda* vem do sânscrito e significa: felicidade brotada do íntimo de cada pessoa, felicidade que existe por si mesma e não condicionada por coisas exteriores.

A grande arte tem múltiplas formas de expressão para o amor. As grandes religiões oferecem, para nossa apaixonada busca de sentido, fundamentais referências ao amor como fonte de todo e qualquer ser. A Filosofia, por sua vez, procura compreender o amor no interior da própria razão e do próprio coração humano e torná-lo autoconsciente. Uma das primeiras obras-primas da Filosofia, *O banquete* de Platão, retrata uma conversa de Sócrates e seus amigos sobre até que ponto o amor constituiria a mais forte e bela força cósmica e sobre a razão pela qual ele é, para nós seres humanos, mais importante do que qualquer outra coisa. Importantes filosofias formuladas em idades posteriores – como as de Jacob Böhme, Baruch Spinoza, Johann Gottlieb Fichte, Rudolf Hermann Lotze, Max Scheler, Teilhard de Chardin e muitos outros – chegam sempre à mesma conclusão: O ser humano, enquanto ser vivo físico e dotado de sentido, possui toda uma gama de predisposições, instintos e emoções com tendência egocêntrica.

Mas as pessoas também são simultaneamente seres de amor. Temos predisposições, sentimentos e potenciais criativos em que o amor se reconhece a si mesmo como razão, fonte e sentido do ser, podendo assim autorrealizar-se de modo inédito, inexistente em qualquer outra parte. Nossa aspiração de sentido, de algo que supere nossa mera busca egocêntrica de satisfação para nossas necessidades, algo que seja o significado, a plenitude de nossa vida pessoal, constitui, portanto, em última instância, a aspiração do amor universal em cada um de nós. É o anseio por essa força cósmica universal, um anseio voltado à expansão do potencial criativo nos moldes daquele jeito singular e consciente que cada pessoa pode reconhecer e fortalecer em si, e ainda em qualquer outra pessoa. Pois o amor é a única energia que liberta e individualiza, mas também interliga e reúne, sendo assim apta e decidida a gerar sempre novos modos de ser e maneiras de atuar.

Essa progressiva autoconscientização do amor no ser humano suscita qualidades psíquicas, respectivamente, espirituais, nas quais se integram as necessidades egocêntrico-sensuais e os potenciais do amor. Somente assim o ser humano se torna apto a compreender-se e realizar-se a si mesmo na própria totalidade.

Pouco antes e depois de 1900 viveram dois filósofos – Hermann Lotze e Max Scheler – que reconheceram exatamente nesse campo a tarefa central da Filosofia (LOTZE, 1879; SCHELER, 1917). Os retrocessos culturais de ambas as guerras mundiais do século XX abalaram com tal veemência a autoconsciência humana que, desde então, a Filosofia e a Ciência abordam com forte receio a aspiração de segurança própria implicada na pesquisa do amor enquanto razão e sentido de todo e qualquer ser. Só nos últimos anos vêm aumentando as expressões humanas da consciência do amor, mesmo que ainda com prudência ante o uso dessa palavra. A jornalista americana especializada em assuntos científicos, Lynne McTaggart (2007), oferece em seu livro *Das Nullpunkt-Feld* (*O campo do ponto zero*) uma excelente apresentação sucinta de informações pouco conhecidas no campo da Física, da Biologia, das Ciências Neurológicas e outras áreas. Trata-se da existência de uma espécie de campo energético universal que pervade e interliga todo o ser existente. Com isso se compreende novamente o pensamento de Teilhard de Chardin citado já no início deste livro, que caracterizava o amor como a mais fundamental, mais forte e mais bela energia do ser e da evolução, que em nós humanos vai progressivamente alcançando o nível da consciência de si mesmo (TEILHARD DE CHARDIN, 1959 e 1967).

Um conceito moderno – "Amor-Energia" – bem que poderia viabilizar uma ponte entre as ciências naturais e as humanas. A moderna Física reconhece que 95% do cosmos, em seu todo, compõe-se de uma espécie de energia que não se pode compreender nem pesquisar por métodos unicamente ligados a ciências físicas. Por não poderem afirmar nada além disso, os físicos dão-lhe o nome de "energia escura"[6]. E visto que, provavelmente, não existem muitas energias fundamentais diferentes umas das outras, sugere-se concluir que essa "energia escura" dos físicos seja, em última análise, a mesma que as grandes religiões e filosofias entendem por amor.

Uma filosofia do futuro irá presumivelmente superar o receio da maioria dos cientistas de hoje ante o amor como assunto não somente privado e romântico, para vê-lo também como a mais universal, a mais forte e a mais bela energia da evolução.

---

6. Cf. mais informações em http://www.weltderphysik.de/gebiet/astro/news/2015/dunkle-materie-und-dunkle-energie-bleiben-raetselhaft

Assim a Filosofia recuperaria sua capacidade de exercer a função de ciência da autoconsciência humana. Quem preferir ver de modo interativo as diferentes respostas filosóficas à questão do sentido das coisas e da vida, ao invés de limitar-se à leitura delas, tem agora a possibilidade de realizar seu desejo no *Philosophische Erlebniswelt* (*Mundo filosófico vivencial*), recém-inaugurado nas proximidades de Dresden[7].

Conclusão e visão prospectiva de uma cultura do amor no futuro

É possível que, para alguns leitores, pareçam utópicos os potenciais do amor enquanto força criativa e inovadora decisiva, tais como expostos neste livro a partir de uma perspectiva neurobiológica, filosófico-teológica e da história social e cultural. Essa atitude é compreensível na perspectiva das economias e sociedades hodiernas, em que é normal e evidente para muitos concidadãos apegados ao puramente habitual e pouco imaginativos. Também é possível reconstruir logicamente a objeção sobre o caráter utópico da suposta influência dessa força inovadora. Afinal, as modernas culturas das democracias ocidentais, com suas conquistas históricas duramente obtidas nas áreas da liberdade in-

7. Para detalhes cf. www.philosofie.org

dividual, da equiparação de direitos entre mulher e homem, da política democrática, da economia e da cultura em liberdade, representam sem sombra de dúvida um bem-vindo progresso na linha do amor, se comparadas com as sociedades mantidas em graus ainda mais chimpanzoides em outras partes do mundo. Igualmente compreensível é o ceticismo quanto a políticas fundamentadas de algum modo na religião ou na espiritualidade, que, em nome de algum deus, têm legitimado diversas estruturas patriarcais de dominação durante os últimos dez mil anos.

Por esse motivo, é importante fazer uma distinção muito clara: culturas realmente de amor são espaços de confiança e compreensão mútua, de cooperação e cocriatividade, de ternura e liberdade para formas individuais de vida, desenvolvimento e ação. Isso significa: tais culturas excluem que normas, tabus e expectativas de toda sorte sejam projetadas, mediante construções ideológicas, a deuses supraterrenos que agem perante os indivíduos humanos julgando-os e condenando-os por intermédio de seus representantes terrenos, geralmente de sexo masculino. Nas culturas do amor poderão existir modelos humanos, professores e conselheiros do amor que, por seu exemplo pessoal, dão apoio a outras pessoas para que reconheçam suas próprias qualidades de amor e assim realizem seu potencial pessoal para si mesmas e para os demais seres deste mundo. Mas tais mentores não se arvorarão a licença para impor a outrem suas formas de viver e amar. Mais do que nunca, eles haverão de compreender e confirmar a subjetividade de cada pessoa. Seu modo de agir será convidativo e incentivador.

Retornemos à questão das sociedades futuras a serem organizadas sob a direção do amor em um grau até então nunca antes alcançado: Serão elas possíveis ou ilusórias? A resposta só pode, em definitivo, ser dada futuramente. Mas existem dois argumentos a favor de uma resposta com os dizeres: "Sim, é possível que se estabeleçam futuramente sociedades organizadas pelos ditames do amor". Um argumento consiste no fato dificilmente refutável de que também as modernas sociedades democráticas e culturalmente progredidas ainda se encontram num nível insatisfatório do ponto de vista ecológico e psíquico. Neste contexto, deve-se reconhecer, sem dúvida alguma, serem realmente singulares e dignos de preservação os progressos alcançados pela economia e pela sociedade moderna graças à liberdade nas áreas da democracia, da ciência e da técnica. Mas é preciso acrescentar que a simples reprodução e multiplicação desses bens predominantemente materiais não poderá constituir o sentido nem a verdadeira felicidade da ulterior evolução.

O segundo argumento lança um olhar sobre a evolução da Terra, que sem dúvida trouxe à luz, no longo caminho percorrido até o presente, algumas inovações que, vistas em comparação com as estruturas até então reinantes, eram dificilmente concebíveis. Tais inovações levaram adiante, em última análise, a tendência classificável como pertencente à linha de expansão do amor e da consciência: é o que se pode dizer da própria origem da vida, da evolução atingida por mamíferos a dedicarem à sua prole um atendimento individual, do aparecimento do ser humano nessa linha evolucionária do amor e, não por último, da tendência de proliferação de religiões, filosofias, artes e ciências do amor que liberam, corroboram e desenvolvem – apesar de todos os retrocessos da História – em um crescente número de seres humanos os potenciais cocriativos do amor.

Desde as profundezas até as estrelas o cosmos está inundado pelo amor.

Hildegard von Bingen

P A R T E 3

O AMOR É A RAZÃO DO SER

Anselm Grün

Introdução

A revolução do amor tornou-se visível em Jesus. Sua maneira de falar com as pessoas, como ele as abordava e tocava – tudo levava a marca do amor. O amor emanado de Jesus fascinava as pessoas. Paulo descreve essa experiência de amor com as seguintes palavras: "O amor de Deus foi derramado em nossos corações pelo Espírito Santo que nos foi dado" (Rm 5,5). Ele fez a experiência de que o amor que jorrou para o coração dos cristãos veio ao mundo com Jesus. O evangelista Lucas não escreve diretamente sobre esse amor, mas narra como o sentimento se manifesta. Ele se mostra no lidar amoroso de Jesus com homens e mulheres, com piedosos e pecadores. E sucessivamente esse amor se revela também na comunidade cristã primitiva. Sobre isso, afirma Lucas: "A comunidade dos fiéis era um só coração e uma só alma" (At 4,32). Quem quer que tivesse visto como os primeiros cristãos conviviam exclamava espontaneamente: "Vede como eles se amam uns aos outros". Percebia-se que neles se tornava visível um amor entre as pessoas nunca visto até então, mas que desde sempre se almejava do fundo do coração.

O apóstolo João ficou fascinado por esse amor porque percebeu que o sentimento é mais forte do que o ódio das pessoas; notou que era possível manter esse amor mesmo quando se era objeto de vituperação e ferimentos. E assim, para João, o amor de Jesus atinge na cruz seu ponto supremo. É um amor que supera a morte, o ódio e a covardia.

É dessa nova experiência do amor que desejo falar nesta minha contribuição para o livro – uma experiência tal como as pessoas tinham-na vivido com Jesus e, posteriormente, em seu próprio conviver com as outras pessoas. Nesse contexto, ficou-me claro que essa fascinante experiência primordial do amor não foi preservada pelos cristãos. Também nas primeiras comunidades cristãs ocorreram discórdias, invejas, malquerer. Mesmo assim os cristãos não deixaram de refletir sobre o segredo desse amor que havia resplandecido em Jesus de maneira tão singular.

Quando os gregos cultos se sentiram atraídos pelo amor que percebiam nos cristãos, começaram a procurar entendê-los, recorrendo a conceitos da filosofia grega. Eles haviam desenvolvido uma filosofia própria do amor que distinguia entre *eros*, o amor sensual voltado antes de tudo ao amor entre homem e mulher; *filia*, ou seja, o amor de amigos que se alegra com o simples ser do amigo; e finalmente o amor de *ágape*, que é o amor desinteressado do próximo e o amor de Deus para com os seres humanos. Para os gregos, tanto o *eros* como a *ágape* são forças que ligam todas as coisas umas às outras. São, para a filosofia grega, como que um poder inserido no mundo, mantendo-o unido. Portanto, para os gregos há três formas diferentes de amor, mas todas se inter-relacionam num só todo. Também a *ágape* precisa do *eros* para ser uma *ágape* vivaz, e da *filia* que se alegra com o ser-assim de outrem. E vice-versa, não há *eros* sem uma participação do amor de amizade e do amor puro que nos vem de Deus.

Os primeiros Padres da Igreja olhavam para a Bíblia com os óculos da filosofia grega. E o que viram? Eles sempre descobriram, nas afirmações da Bíblia sobre o amor, o poder do amor. Mais tarde – sobretudo no Ocidente –, a visão tornou-se mais moralizante. O amor virou preceito moral. Não se trata de uma falsificação da Bíblia. Mas essa moralização estarreceu muitos cristãos. Sentiram-se confrontados com exigências exageradas ao terem de sempre amar o próximo e ignorar as necessidades próprias. Mas não foi assim que Jesus concebeu o amor. Para Ele, o amor é a maneira de travar relação consigo mesmo, com as outras pessoas, com a criação e com Deus. A tradição cristã – e antes de tudo as correntes místicas – reconhece no amor uma força divina subjacente a todas as coisas e unificadora de tudo. É nesse sentido místico que desejo interpretar os textos bíblicos, principalmente os de João e Paulo.

Essa interpretação não é a única possível. Permanece válido tudo o que a tradição cristã escreveu sobre o amor. Mas o que me interessa aqui, antes de mais nada, é o aspecto do amor como energia criativa, o amor como força divina, como um poder que emana de Deus, perpassa todas as coisas e as deseja levar para a unidade. Esse amor enquanto força divina será capaz de dar origem a uma revolução, como a que Konstantin Wecker canta em suas interpretações musicais: uma revolução da ternura, e não da violência. Se confiamos no amor como força divina que opera em nós e em toda a criação, então poderá surgir uma revolução que rompa com os padrões deste mundo, tais como os fixados pelos economistas, e cria uma cultura do amor, ao invés da descultura da exploração e das exigências exageradas.

1 A essência de Deus enquanto amor

O amor no Evangelho segundo João e nas epístolas de João

A mensagem central da primeira epístola de João tem o seguinte teor: "Deus é amor". João repete mais adiante: "Por sua própria essência, Deus é amor" (1Jo 4,8). Em outra passagem, João desenvolve o seguinte enunciado: "Deus é amor, e quem permanece no amor permanece em Deus, e Deus permanece nele" (1Jo 4,16). Portanto, o dito vale reciprocamente. Deus é por natureza amor. Entretanto, onde quer que experimentemos o amor, estaremos também em Deus e teremos parte em Deus. Deus é, para João, ambos os aspectos: Ele é em si mesmo amor. Mas também é uma pessoa amada por nós e que nos ama. Deus dá expressão a seu amor presenteando-nos com seu Filho. É o que reza o versículo Jo 3,16: "Porque Deus amou o mundo de tal maneira que deu o seu Unigênito, para que todo aquele que nele crê não perça, mas tenha a vida eterna"[8]. Deus nos manifesta seu amor em seu Filho. Nele resplandece seu amor para nós. Se cremos nesse amor, visível em seu maior esplendor justamente na sua morte, temos em nós a vida eterna, então já vivenciamos uma vida que não poderá mais ser destruída pela morte. E nossa consciência já estará transfigurada e expandida em nossa vida de agora.

Além dessa afirmação pessoal sobre o amor, João acrescenta mais um enunciado: Deus é amor. E nossa experiência de Deus acontece quando experimentamos amor em nós. Cada um de nós anseia por amar e ser amado. E cada qual faz sua experiência de realização e decepção, de encanto e ofensa. O objetivo de nosso anseio não consiste em que alguém nos ame tanto que nos sintamos saciados para sempre. Antes, o objetivo já não é que amemos e sejamos amados, mas sim que sejamos amor. É o que João pretende nos transmitir com sua afirmação.

---

8. Cf. Bíblia Sagrada, Ed. Pastoral, 1990, p. 1.357. Cf. tb. bibliaportugues.com/1_john/3-16.htm

Mas o que significa ser amor? Uma senhora me disse: "Eu estive meditando. E de repente tornei-me amor. Não fiquei pensando em uma pessoa determinada. Eu simplesmente era amor. O amor perpassou-me e atingiu meu quarto, minha família, meu gato até chegar à natureza exterior. Senti-me ligada a todas as coisas. Eu me senti uma coisa só com o universo".

Essa senhora experimentou o que João quis expressar com sua frase. Ao sermos amor, estamos unidos a todo o mundo. E então emana de nós uma força reconciliadora e unificadora. Nessa força experimentamos Deus como uma qualidade de nosso próprio modo de ser humano.

Essa experiência encontra-se mais pormenorizada no Evangelho de João. Diz Jesus: "Permanecei em meu amor" (Jo 15,9). Aqui João se refere à *ágape*, o amor divino, como se fosse um espaço no qual podemos morar, permanecer, viver. Mas esse amor também tem de manifestar-se, e isso acontece quando nos amamos uns aos outros. E o amor também se externaliza quando observamos os preceitos de Jesus. Não soa nada simpático para nós. Mas significa que o amor deve exprimir-se numa atitude bem precisa para com as outras pessoas, chegando mesmo a precisar de uma determinada ordem. O amor exprime-se num lidar atencioso com o mundo, com as pessoas e com todas as coisas. O preceito de Jesus nunca é interpretado como uma ordem concreta. Ele corresponde, isso sim, à atitude do próprio Jesus. Nós praticamos o amor quando nos comportamos como Jesus. E o comportamento de Jesus, Ele mesmo o descreve com a palavra: "Não existe amor maior do que dar a vida pelos amigos" (Jo 15,13). Esse amor de Jesus tem sua culminância na doação aos amigos, na cruz.

João expõe em duas imagens como proceder para fazer o mistério do amor penetrar mais fundo em nosso coração. A primeira é a da cruz. Essa é a imagem do abraço. Desde o alto da cruz Jesus abraça todas as contradições em nós e entre nós. A cruz é o símbolo da reconciliação, a reconciliar reciprocamente todas as oposições entre o céu e a terra, a luz e a escuridão, em cima e embaixo, direita e esquerda, pobre e rico, judeus e gregos, fiéis e pagãos. Já antes do cristianismo a cruz era um símbolo de salvação. Sempre foi um símbolo de unidade dos contrários. Sempre foi uma expressão do anseio das pessoas por unidade. Foi esse símbolo de unidade – transmitido pelos homens primitivos – que João adotou para interpretar o mistério da morte de Jesus. Em sua morte na cruz, Jesus abraça a inteira humanidade e mesmo o cosmos em sua totalidade, céu e terra, Deus e homem, luz e trevas.

Podemos experimentar corporalmente esse símbolo de unidade – a cruz – colocando-nos em pé e estendendo os braços para a direita e a esquerda. Aí temos a sensação de abraçar o mundo inteiro.

Somos parte do mundo como um todo. Tudo o que existe no mundo existe também em nós. Se assim nos vivenciamos em unidade com o todo, passaremos a lidar de outra maneira com todas as coisas. Pois assim nos reconhecemos a nós mesmos no cosmos, nas plantas, nos animais, na matéria. O amor nos une. A cruz é o símbolo dessa união com todo o ser e com qualquer ser.

A segunda imagem é a do coração aberto. Um soldado toma sua lança e transpassa com ela o coração de Jesus na cruz. Dele jorram sangue e água. Os Padres da Igreja interpretam essa cena da seguinte maneira: Com seu amor, Jesus atingiu durante sua vida apenas as pessoas que encontrava. Agora, seu amor não tem mais limites. Ele se derrama sobre o mundo inteiro. Todo o mundo está agora perpassado de amor. E assim qualquer pessoa que vive em nosso tempo está tocada pelo amor. O amor de Jesus inseriu-se no mundo, marcando-o. Esse amor tornou-se a razão de todo ser.

Agora se poderia perguntar: O amor só se tornou a razão de todo e qualquer ser após a morte de Jesus ou já o era também desde o primeiro momento da criação? Minha resposta seria a seguinte: Já no primeiro momento da criação, Deus inseriu o amor em todos os seres na forma básica. Mas as pessoas perderam o sentido disso. Passaram a ver o mundo como inimigo a ser dominado. Pela morte de Jesus na cruz, o amor foi novamente derramado sobre todo o mundo a fim de que pudéssemos ver o mundo com outros olhos, reconhecendo em todo ser o amor de Deus. Para nós, cristãos, o amor de Deus ganhou uma nova qualidade graças à pessoa de Cristo, com seu modo de agir, sua maneira de falar e dirigir-se às pessoas e com sua doação total na cruz: a qualidade da compaixão ou misericórdia, da ternura, da atenciosidade e da confiança.

Essa mensagem do amor de Jesus – um amor mais forte do que a morte –, João a dirige a um mundo marcado pela alienação. A pessoa humana alienou-se de sua essência. Alienação é o que Gerald Hüther designa como utilização do outro como objeto, ao invés de valorizá-lo como sujeito. João descreve alienação da seguinte forma: A pessoa alienou-se, rompeu sua ligação com a força básica que conforma o mundo. A redenção, para João, consiste em a pessoa voltar a conectar-se com esse amor. Ao representar o amor em sua plenitude na cruz, nela transfigurando, Jesus, apesar da brutalidade dos próprios algozes, com seu amor, é para nós o caminho a seguir para retornarmos à vida pautada por esse amor que impregna o mundo inteiro. Isso sim confere à nossa vida um novo sabor.

João exprimiu esse aspecto em sua narrativa sobre as Bodas de Caná. A pessoa que se desligou do amor como que tornou-se água insípida. Em Jesus é Deus que festeja suas núpcias com o ser humano. E essa união do homem com Deus confere um novo sabor à nossa vida, o sabor do vinho, o sabor do amor.

João e seu diálogo com a gnose e outras religiões

Com seu evangelho e epístolas, João deu uma resposta à corrente gnóstica. O gnosticismo era uma corrente de espiritualidade bastante difundida e em parte também seguida pelo cristianismo, inclusive com características não cristãs. A gnose era o anseio por chegar à iluminação, à êxtase, à mística. E também à unificação. O ser humano aspira unir-se a Deus, a fim de com Deus também sentir a unidade com o todo.

O fascínio dessa união com Deus é o que remete a gnose aos pensamentos da filosofia grega, e aqui sobretudo a Empédocles. Para ele, o amor é a força que leva à unificação. O amor une tudo o que está separado. É a razão de ser do mundo todo. Os neoplatônicos, que nos primeiros séculos d.C. fascinaram muitos teólogos – principalmente Agostinho –, concebiam o amor como a força que leva à união com Deus. Mas, para os neoplatônicos, o amor também é a força que une todos os seres uns aos outros e que, portanto, mantém unida toda a criação. Em seu diálogo com o Evangelho de João, o teólogo cristão Dionísio Areopagita assumiu essa visão neoplatônica. Segundo ele, o mundo deve sua existência ao amor. O amor se manifesta no mundo. E de tal forma que em todos os seus níveis transparece a beleza e a bondade de Deus (SCHERER. *TRE*, p. 188). Em sua visão neoplatônica, os Padres da Igreja associam o amor à beleza. O mundo inteiro reflete "uma ordem repleta de brilho e beleza" (p. 189). Assim, o amor nos abre para o segredo do mundo, para sua beleza íntima e a ordem que em tudo deixa sua marca. Santo Tomás de Aquino tem uma visão semelhante, pois para ele o amor tem um significado cósmico. Nele o ser humano descobre seu parentesco com tudo o que existe. Já na Renascença, Marsílio Ficino concebe o amor como o princípio do universo, permeando todas as coisas.

Assim aprofundada mediante o diálogo dos Padres da Igreja com a gnose nos primeiros séculos do cristianismo, podemos ampliar essa visão joanina em nosso diálogo com outras religiões. O hinduísmo usa a expressão *bhakti* para designar o amor que unifica todas as coisas. No amor, Deus vai além de si mesmo para entrar no mundo e nele "fazer o jogo do amor" (GERLITZ, *TRE*, p. 123). Para os budistas, existem dois conceitos de amor mais ou menos correspondentes à concepção do Evangelho de João: *metta*, enquanto "bondade que abrange todas as coisas", e *karuna*, concebida como "o compadecer-se com todas as essências". *Metta* abrange e permeia todas as coisas e *karuna* é a reação do ser humano. Ao sentir-se uno com o mundo e compadecer-se com todas as coisas, o ser humano se une à razão primitiva de todo ser. E essa razão primitiva de todo ser é o amor, a bondade que tudo abrange.

A filosofia chinesa sustenta dois conceitos para definir o amor: *hsiao* e *jen*, ambos classificados inicialmente como valores morais. Ocorre porém que, na mesma filosofia, eles também constituem "a lei cósmica e o fundamento de todo agir sobre a terra. Eles unificam céu e terra, formando uma hierarquia que desce do céu e termina na família" (GERLITZ. *TRE*, p. 125). Conseguimos nos amar uns aos outros somente porque o amor é uma força que fundamenta todo ser.

O islã define Deus como o Ser Amoroso e Misericordioso. No islã o amor de Deus para com os seres humanos está marcado pela concepção de eu-tu, como no cristianismo. Também como o cristianismo, o islã conhece igualmente a interpretação mística, seguida principalmente pela tendência sufista. O sufismo absorveu, por certo, elementos cristãos e também conhece a mística do amor que desemboca na união com Deus, a "união mística", de que também fala a mística cristã. Nesse amor místico é onde acontece "a eliminação-preservação-elevação (*Aufhebung*) da consciência do eu, assim como a de todas as diferenças entre as religiões" (GERLITZ. *TRE*, p. 126).

O Evangelho de João é o evangelho místico. E a mística elimina e elimina-preserva-eleva todas as diferenças entre as religiões. Ela não apaga as diversas interpretações teológicas. A linguagem das religiões permanece diferente. Mas a experiência a que alude toda mística em qualquer religião é igual em todas elas: a experiência da unificação com o fundo das coisas, com o amor operante no fundo de toda a realidade como a força unificadora de todas as coisas. E esse amor – como o diz claramente João – é o próprio Deus. Deus se exprime no amor. Deus é amor. E no amor sempre tocamos Deus. E mais: estamos em Deus.

O amor enquanto razão do ser segundo Teilhard de Chardin

Pierre Teilhard de Chardin, jesuíta francês e pesquisador de ciências naturais (1881-1955), procurou, em sua teologia, associar seu amor pela matéria à doutrina de Cristo enquanto a razão de todo ser. A cena descrita no Evangelho de João sobre o sangue e a água escorrendo do coração transpassado de Jesus tornou-se para Teilhard a mensagem central sobre o amor no mundo. Para ele, o amor que parte do coração de Jesus permeia o mundo inteiro, inclusive a matéria. Ele usa para tanto a palavra "amortização". Todo o mundo, toda a matéria está embebida de amor. Portanto, em qualquer lugar do mundo encontramos o amor como a mais profunda razão de ser.

Teilhard de Chardin fala de "ambiente divino". Segundo ele, a mais íntima realidade do mundo é o próprio Cristo. Mas Cristo é o amor de Deus feito homem. A experiência do amor enquanto fundo do cosmos deve então nos conduzir a um novo modo de agir. Ele próprio dedicado à pesquisa da natureza, tendo colaborado na descoberta e na pesquisa dos primeiros homens – como os encontrados na China e na África do Sul –, considera a pesquisa da natureza como expressão do amor que tudo une. Teilhard refere-se a esse amor com os dizeres: "O amor é a única força capaz de unir as coisas sem destruí-las" (TEILHARD DE CHARDIN, apud HALÍK, 2015). Há revoluções que pretendem introduzir uma nova unidade dos seres humanos entre si. No entanto, os caminhos trilhados nesse rumo passam pela destruição do existente até então. Assim se deu com a Revolução Francesa. Ela tinha em vista a fraternidade e o amor. Mas o caminho até lá passou pela destruição violenta. O amor, pelo contrário, cria uma revolução para instaurar a união sem destruir. O amor é, para Teilhard de Chardin, a força que unifica todas as forças do mundo rumo a um único objetivo. Ele dá a esse objetivo o nome de "Ômega", ou seja, o "Cristo universal". Em tudo está Cristo, em tudo está o amor de Deus feito homem como a mais profunda razão da existência.

Numa outra passagem escreve Teilhard de Chardin: "Somente o amor é capaz de mover o ser" (1988,

p. 148). O amor é a força mais íntima a unir as forças centrífugas do mundo, inclusive espírito e matéria existentes como antípodas no ser humano. O amor é a força que une Deus e o ser humano, Deus e a matéria, sem jamais eliminar o respectivo ser próprio. Num certo trecho, o jesuíta refere uma frase da teologia: *"Diligentibus omnia convertuntur in bonum"* (TEILHARD DE CHARDIN, 1969, p. 145). Para os que amam, tudo vem para bem. Teilhard de Chardin acrescenta de modo mais claro: "[...] *convertuntur in Deum*", e ainda mais explícito: "[...] *convertuntur in Christum*" (p. 145). A quem ama, tudo se converte em Deus ou, numa expressão mais explícita, tudo se converte para dentro de Cristo. Quem ama vivencia em tudo o que é matéria o amor enquanto razão última. Para ele, Cristo se torna palpável em tudo. Segundo Teilhard, toda a criação está repleta da graça de Deus. Essa graça é a verdadeira seiva que faz o mundo todo pulsar. Ela identifica-se com o amor, "sobre o qual a Sagrada Escritura nos diz que será este, um dia, o único princípio da natureza e das forças naturais a permanecer" (p. 142).

"A aspiração essencial de toda mística: *unificar-se* (quer dizer, tornar-se o outro) *mantendo seu próprio eu*" (p. 134). A essência da mística cristã é o amor, do qual diz Teilhard de Chardin ser ele "princípio e efeito de qualquer união espiritual" (p. 176). O amor tende a unir todos os seres humanos uns aos outros. E também a unir-nos com a matéria e com toda a criação. Teilhard acentua reiteradamente que nós só poderemos experimentar a unificação com Deus se, ao mesmo tempo, unificarmo-nos interiormente com todos os seres humanos.

Segundo o jesuíta, esse mistério – segundo o qual o mundo inteiro está permeado do amor de Deus da maneira mais clara em Jesus Cristo – torna-se realidade principalmente na Eucaristia. O pão consagrado e o vinho consagrado são para nós um sinal de que Cristo, com seu amor, pervade toda a matéria e a transforma. Teilhard de Chardin viveu essa experiência num momento em que ele, totalmente sozinho na igreja de sua aldeia, contemplava a hóstia branca no ostensório e teve a impressão de que sua brancura se espraiava por toda a igreja e passava além de seus muros para abarcar toda a natureza. "Em meio a um grande suspiro a lembrar um despertar ou um lamento, fiquei envolto pela corrente dessa brancura, a passar além de mim e inundar todas as coisas... Foi como se uma claridade láctea iluminasse o universo por dentro. Tudo parecia ter a mesma forma de carne transparecendo... Em virtude dessa misteriosa difusão da hóstia, o universo chegava à incandescência – em sua totalidade, à semelhança de uma única hóstia enorme" (TEILHARD DE CHARDIN, 1964, p. 54ss.). Nessa brancura o amor de Cristo transpassava o mundo inteiro, inclusive a matéria. "Esta transformação ocorreu no âmbito do amor, a ampliar, purificar, abranger toda a força do amor contida no universo. Foi-me dado ver cada vez melhor à medida que essa força ia operando em mim e em todo o resto: o brilho alvejante estava ativo! A brancura conquistava tudo a partir de dentro! No caminho rumo à matéria infiltrou-se no âmago dos corações – e ampliou-se até quase rasgar-se, unicamente para sugar a si a substância das suas simpatias e paixões" (p. 57s.).

Teilhard de Chardin não apenas desenvolve uma teologia do amor que tudo invade e entrelaça. Ele também experimenta em sua própria espiritualidade esse amor que tudo transforma e interliga. A espiritualidade também significa para o jesuíta voltar-se para o mundo e nele descobrir o amor de Deus que tudo perpassa. E simultaneamente a espiritualidade exige nosso engajamento por este mundo, sua matéria, plantas e animais, assim como pelo ser humano. Pois todos estão impregnados desse amor de Deus. E não podemos viver nossa espiritualidade sem dar expressão concreta a essa ligação profunda com todo o ser mediante nosso amor.

2. O amor como força transformadora

O amor segundo Paulo em diálogo com a filosofia grega

Na sua primeira epístola aos coríntios, Paulo entoou o grande hino do amor, frequentemente lido em cerimônias nupciais, embora não se refira especificamente ao amor entre homem e mulher, nem ao amor ao próximo, nem mesmo a Deus. Paulo expõe que o amor de Deus foi derramado em nosso coração pelo Espírito Santo (Rm 5,5). O apóstolo considera o amor como um carisma, um dom, uma aptidão da pessoa e, simultaneamente, uma dádiva de Deus ao ser humano. É o que torna o ser humano um ser humano. Esse dom ativa na pessoa as atitudes que lhe fazem bem: "O amor é paciente, o amor é prestativo; não é invejoso, não se ostenta, não se incha de orgulho" (1Cor 13,4). Não se trata de preceitos morais listados por Paulo. Mais do que isso, ele quer nos descrever o que o amor realiza nas pessoas, enquanto força que lhes foi doada. É uma força revolucionária, como fica claro nas palavras: "O amor tudo desculpa, tudo crê, tudo espera, tudo suporta" (1Cor 13,7). É a força que dá suporte ao processo de transformação em curso na revolução que, apesar de todos os retrocessos, gera confiança e nutre a esperança de melhora; a força que enfrenta vitoriosa tudo que se opõe a essa transformação.

Paulo escreveu esse texto dialogando consciente ou inconscientemente com a filosofia daquele tempo. Ele era instruído não apenas na teologia judaica, mas também na filosofia grega. Suas epístolas dão azo à conclusão de que ele conhecia particularmente bem a filosofia do estoicismo. E o seu desejo era de que os cristãos, com sua conduta de vida, superassem as exigências éticas da filosofia estoica. Nesse sentido, Paulo escreve aos filipenses, então uma comunidade grega: "Ocupem-se com tudo o que é verdadeiro, nobre, justo, puro, amável, honroso, virtuoso ou que de algum modo mereça louvor" (Fl 4,8). Essas linhas resumem o que a filosofia estoica espera de seus adeptos. Mas em sua loa ao amor, Paulo não se refere tanto à dimensão ética do amor, mas sim, com muito maior ênfase e à semelhança dos filósofos gregos, ao amor enquanto força específica, uma fonte que a pessoa sorve, uma energia que a impulsiona. Seu texto sobre o amor lembra textos filosóficos escritos naquele tempo sobre o mistério do amor.

Nessa perspectiva, Platão, provavelmente o maior filósofo grego, decanta o amor como um poder capaz de surtir numerosos efeitos na pessoa humana:

> Assim, ó Fedro, é que se me afigura o Amor: primeiramente, que ele é em si mesmo o que há de mais belo e melhor, e em seguida, que ele assim é para repassar esse dom a todas as outras pessoas. Mas ocorre-me agora também em verso dizer alguma coisa, que é ele o que produz paz entre os homens, e no mar bonança, repouso tranquilo em meio à ventania e sono sem dor. É ele que nos tira o sentimento de estranheza e nos enche de familiaridade[9].

9. Platão. *O banquete*. "Apolodoro e um companheiro", p. 16 [Disponível em http://www.dominiopublico.gov.br/download/

De modo semelhante soa o cântico de Paulo em um texto de Máximo de Tiro:

> O amor nada odeia mais do que a coação e o medo. O amor é altivo, totalmente livre, mais livre mesmo do que Esparta. Quando habita em alguém com pureza, o amor é, dentre tudo o que há entre os seres humanos, o único a não cobiçar riqueza, a não temer nenhum tirano, não assombrar-se perante trono algum, não retroceder ante um tribunal, não fugir à morte. Nenhum animal o amedronta, nenhum fogo, nenhum precipício, nenhum mar, nenhuma espada, nenhum laço. Ao contrário, mesmo onde não haja passagem, ele encontra uma saída e torna derrotável o poderoso, aceitável, terrível e suportável obstáculo [...] É audaz em todo lugar, tudo ele abarca com sua visão, tudo ele domina (CONZELMANN, 1969, p. 260).

Em ambos os textos, o amor é considerado dádiva divina que marca a vida do ser humano e lhe dá um novo sabor. A quem está repleto de amor, nenhuma turbulência da vida conseguirá abalar. Essa pessoa perde a sensação de alienação interior, encontrando-se consigo mesma, sentindo o centro de seu próprio eu. Platão fala do amor de forma figurada. O amor presenteia paz aos seres humanos

---

texto/cv000048.pdf – acesso em 28/02/2018, com adaptações realizadas pelo tradutor desta obra, com base na tradução alemã (CONZELMANN, 1969, p. 259)].

e, em meio às turbulências deste mundo, põe-nos em contato com o espaço interior de tranquilidade em nosso coração. E nos põe em contato com nossa verdadeira essência humana. Familiariza-nos conosco mesmos, com nossa imagem interior e original que Deus concebeu para nós. Para Máximo de Tiro, o amor assoma como força e poder a que nada no mundo consegue resistir. Apesar de despossuir armas, os tiranos têm medo do amor.

Esse é um tema recorrente nos escritores gregos. Assim rezam, por exemplo, os cânticos anacreônticos: "Nem cavalaria, infantaria ou marinha conseguiram aniquilar-me. Foi uma outra, uma nova força armada que, apenas com o olhar, me derrotou". O amor descobre um caminho para as outras pessoas que, de outra forma, ficaria obstruído. O amor tem uma força revolucionária, mais forte do que as armas de guerra. É uma força capaz de vencer qualquer guerra. É essa confiança na força revolucionária do amor que os textos dos filósofos gregos pretendem nos comunicar, da mesma maneira que o Cântico do Amor de Paulo. O elo entre Paulo e Máximo de Tiro patenteia-se na conclusão de ambos os cânticos do amor. Máximo encerra seu texto com um tríplice "tudo" ou, respectivamente, "por toda parte". Paulo havia se expressado de modo semelhante na conclusão de seu Hino ao Amor: "Tudo desculpa, tudo crê, tudo espera, tudo suporta" (1Cor 13,7).

Platão expõe seu modo de pensar sobre o amor passando a palavra a diversos participantes de um simpósio. Em primeiro lugar, Eriximaco, para quem o *eros* é como que uma força cósmica. O *eros* não se refere apenas ao amor entre homem e mulher, mas perpassa toda a natureza viva e não viva, fazendo brotar a harmonia em todas as coisas. O amor é a lei do ser. Leva todos os seres a se juntarem e almeja harmonizar todas as contradições da vida, quer seja entre a natureza viva e a natureza morta, quer na economia, nas artes ou na ginástica.

Conforme Aristófanes, o amor constitui a estrutura do ser. Para ilustrar sua posição narra um mito, segundo o qual homem e mulher formavam originariamente um todo único, em forma de esfera. Por recear que esses super-seres humanos se tornassem perigosos para os deuses, Zeus decidiu dividi-la em duas partes. Daí resultou o *eros* enquanto saudade que as partes sentiam uma da outra quando formavam originariamente uma só unidade. Platão interpreta esse mito afirmando que o amor faz parte do ser humano desde o princípio. "Ao encontrar sua metade primitiva, ele ou ela encontra seu próprio eu e afirma-o" (HIRSCHBERGER, 1982, p. 34). O amor conduz, por conseguinte, cada pessoa a encontrar seu verdadeiro eu.

O que o próprio Platão pensa do *eros* está exposto no discurso de defesa que ele atribui à figura de Sócrates. Para Sócrates, o amor não é um deus, mas um ser intermediário entre deus e o ser humano. O amor pretende fazer o ser humano encontrar o bem. E o *eros* é a força que gera o belo. Dotados de *eros*, os seres humanos são, em si mesmos, portadores de força procriadora tanto no que se refere ao corpo como no tocante à alma. A força procriadora do corpo une-se ao corpo da mulher e gera assim reiteradamente algo de novo, fazendo com que o ser humano, mortal, participe do ser imortal. Mas também a alma gera conhecimento e valores espirituais. Poetas, artistas e filósofos já não atentam unicamente para a beleza de cada corpo, mas sim para a visão da beleza em si mesma. O amor se eleva da concretude de um corpo belo para a beleza originária em que se baseiam todas as coisas. A felicidade suprema do ser humano consiste em contemplar a beleza original.

Vê-se aqui um nexo importante entre amor e beleza. Em alemão, *schön* (= belo) vem de *schauen* (= olhar). Ao olhar a mim mesmo com amor, sou bonito. E se olho para outrem com amor, então ele ou ela é bonito ou bonita para mim. Feio é somente quem odeia a si mesmo. Quem odeia uma outra pessoa transforma-a em pessoa feia. O romancista russo Dostoiévski escreve que a beleza salvará o mundo. Se olhamos para o mundo com amor, contemplamos sua beleza e o tratamos com cuidado. E assim preservamos o mundo. O belo (*schön*) não vem somente de olhar (*schauen*), mas também de *schonen* (poupar, resguardar). O amor conduz a um trato cuidadoso do mundo e, no mesmo ato, ao reconhecimento de sua beleza.

Platão concebe o *eros* como a força poderosa que une o que está separado. É o ímpeto que faz buscar união. Também para nós é essa a essência do amor: ele une o que está dividido. Leva as pessoas a encontrarem-se umas com as outras. O que Paulo e Platão escrevem sobre o amor enquanto poder, também os Padres de Igreja escrevem e ampliam ulteriormente. Muitos exegetas modernos – sobretudo os evangélicos – veem um contraste entre a *ágape* enquanto amor puro de Deus e o *eros* enquanto amor cobiçoso. Mas os Padres da Igreja, pelo contrário, procuram lançar uma ponte entre o *eros* e a *ágape*. Eles não falam apenas da *ágape* (em latim: *caritas* ou *dilectio*) de Deus, mas também do *eros* (amor) de Deus para nós, seres humanos. Orígenes chegou mesmo a substituir a definição dada por João ("Deus é *ágape*") por "Deus é *eros*". Deus ama as pessoas apaixonadamente. E também nosso amor por Deus deve estar marcado pela incandescência do *eros*, do amor.

Para mim, não se trata apenas de história da Teologia. Eu vejo nisso, muito pelo contrário, a tentativa de conectar o amor que nos foi presenteado por Deus, e que em nós opera pela ação do Espírito Santo, com o amor natural e com a força do *eros*. Sem *eros* nosso amor fica incolor, insípido. Sem *eros* nosso amor não teria a força de unir o que está separado. Ele necessita da paixão do *eros* a fim de que, em nosso mundo, nos seja possível superar as clivagens políticas e sociais. O amor não é apenas algo de tenro e fraco, mas também o impulso apaixonado para a união, tal como a mitologia grega o descrevia sob o conceito de *eros*.

Toda a história da Teologia está perpassada pela tentativa de unir os dois polos um ao outro, *eros* e *ágape*. Para mim, isso significa que eu não falo do amor apenas sob o aspecto psicológico, mas que também tenho em vista sua dimensão espiritual. Nesse contexto, desejo mencionar duas concepções diferentes de amor, contidas na teologia medieval, que as distingue entre amor físico e amor extásico (de êxtase). A concepção de amor físico tem em Tomás de Aquino um representante. Para Tomás de Aquino, o amor é uma inclinação natural, inerente ao ser humano para sempre amar o bem, inclusive o bem que em Deus é ilimitado e nos faz felizes. Nosso amor a Deus e ao mundo também a nós nos faz bem, pois nos faz felizes. Já João Escoto Erígena (815-877 d.C.) concebe o amor como extásico. É um "romper extásico do amante para fora de si a ponto de esquecer-se a si mesmo" (RAHNER. *SM*, p. 239). O amor é a força natural que move todas as coisas. Deus é, em última instância, a causa de todo amor. O amor impulsiona os seres humanos uns aos outros. O amor é a mais profunda razão que move a história. Essa era a concepção dominante sobre o amor, sobretudo na mística cristã. Acredito, porém, que ambas as concepções descrevem um aspecto importante do amor. Não devemos construir uma oposição entre ambas as concepções teológicas.

Para Platão, o amor é uma força divina que perpassa o ser do mundo, impedindo-lhe um desagregar-se em suas partes e levando incessantemente essas últimas a reunir-se umas às outras. Tal doutrina de Platão encontrou em Gabriel Marcel um defensor contemporâneo nosso. Para esse filósofo francês, o amor é idêntico ao ser. O amor também é a razão do ser humano. Isso não quer dizer apenas "que cada qual recebe tudo do amor, mas também que tudo aquilo que cada um é e possui só o terá interiormente em plenitude se o tiver amando-o, ao passo que sem o amor tudo se lhe esvai, levando a pessoa a ficar sem nada" (LOTZ, 1982, p. 24). Para Gabriel Marcel, o amor é a razão da existência humana. Sem amor não conseguimos acessar nosso verdadeiro eu. Só no amor ganhamos o que Deus nos concede. Seja o amor no matrimônio ou na amizade, o amor de Deus para conosco ou nosso amor para com Deus, em qualquer tipo de amor fazemos alguma experiência do amor enquanto um ser que leva tudo à plenitude e à completa integridade. Gabriel Marcel conhece a distinção entre ser e ter, que mais tarde será adotada por Erich Fromm e, ulteriormente, desenvolvida em sua obra *A arte de amar*. Quem concretiza o modo de existir do ser, torna-se partícipe do amor. Pois ser e amor perfazem uma unidade um com o outro. Não posso ter amor simplesmente como posse. Pelo contrário, o que importa é ser amor e, por meio do amor, experimentar um novo ser. A pessoa que no amor se abre para uma outra pessoa participa do ser absoluto enquanto amor. Ele se vivencia "na presença da luz, na plenitude do ser" (SCHERER. *TRE*, p. 130). Pessoas que se amam tocam, em sua reciprocidade, o Eterno. E o amor também é a força que supera a morte, que é mais forte do que a morte. No pensamento de Gabriel Marcel, amor significa dizer à pessoa amada: "Tu, tu nunca morrerás". Mesmo na morte não cairemos fora do amor. Pelo contrário, na morte experimentaremos o amor na sua forma pura, em seu ser puro.

O preceito de amor de Jesus

Todos conhecemos a resposta dada por Jesus ao fariseu que lhe perguntou qual o preceito mais importante: "Ame ao Senhor seu Deus com todo o seu coração, com toda a sua alma, e com todo o seu entendimento. Esse é o maior e o primeiro mandamento. O segundo é semelhante a esse: Ame ao seu próximo como a si mesmo" (Mt 22,37-39). É interessante notar aqui de que maneira o amor a Deus é apresentado. O amor marca o coração, a alma e o pensamento. Todas as forças da alma unificam-se na pessoa pela força do amor. Segundo Karl Rahner, esse texto constitui o pano de fundo para a caracterização do amor como "o ato integrador de toda a existência do ser humano" (RAHNER, *SM*, p. 246). Nessa linha de pensamento, o amor não é apenas uma exigência, mas também e sobretudo um meio salvífico para a pessoa, levando-a à plenitude do ser humano. O amor une coração, alma e mente. Sem o amor, a pessoa desintegra-se em suas forças psíquicas.

O Mestre Eckhart contempla o mesmo fenômeno sob um outro ângulo. Para esse místico alemão, o amor é a experiência da união com Deus: "Pelo conhecimento internalizo Deus em mim; pelo amor, ao contrário, eu entro em Deus [...] Deus e eu somos um só neste ato" (LUTZ, 1997, p. 273; Sermão n. 7 sobre o Livro da Sabedoria 5,16; ECKHART, 1976, p. 186s.).

Essa força unificante emanada do amor, a unir tanto Deus com as pessoas como estas consigo mesmas e suas forças psíquicas, também é perceptível no preceito do amor ao inimigo. No Evangelho segundo Mateus, Jesus fundamenta o amor ao inimigo utilizando uma imagem: "Amem os seus inimigos, e rezem por aqueles que perseguem vocês! Assim vocês se tornarão filhos do Pai que está no céu porque Ele faz nascer o sol sobre maus e bons, e a chuva cair sobre justos e injustos" (Mt 5,44s.).

Para pôr em prática o amor aos inimigos de modo a superar as hostilidades e cismas entre as pessoas, precisamos imitar Deus. Deus une as pessoas umas às outras fazendo brilhar o sol e cair a chuva sobre todas elas. Nesse sentido, o amor é a energia solar que aquece a frieza do coração humano e a força da chuva que destrói as barreiras entre as pessoas. O amor – e, em sua forma mais elevada, o amor aos inimigos – implica assim, segundo Mateus, imitar Deus, que nos mostra na natureza o mistério do amor. A natureza está interpenetrada pelo amor de Deus. O sol e a chuva são imagens desse amor capaz de superar qualquer separação.

Para C.G. Jung, esse amor aos inimigos é também psicologicamente possível. Mas só é bem-sucedido quando, em primeiro lugar, amarmos o inimigo que está dentro de nós mesmos, ou seja, quando deixarmos que o sol de nossa boa vontade brilhe sobre o bem e o mal e que a chuva de nosso amor caia sobre o justo e o injusto. Precisamos primeiro superar a cisão dentro de nosso coração antes de nos tornar capazes de amar o inimigo fora de nós.

Já está bastante generalizado o reconhecimento de que, hoje em dia, sob o signo do terrorismo, o amor ao inimigo está cada vez mais urgente. Não podemos revidar violência com violência, mas tão só com um amor que ultrapasse fronteiras, lance pontes, supere cisões e una o que está separado, de maneira a converter inimigos em amigos e restabelecer a união.

Jesus não só pregou o amor ao inimigo, mas também o demonstrou vivendo-o Ele mesmo de modo exemplar. O lugar em que seu amor ao inimigo se tornou mais evidente foi na cruz. Segundo o psicólogo e teólogo John Sanford, na cruz, Jesus deu origem a uma nova consciência e transformou a consciência da humanidade. Uma nova consciência não se forma simplesmente com o aprendizado ou com o conhecimento mental, mas só por meio do amor. No entanto, Sanford sublinha ao mesmo tempo que, na cruz, Jesus também sofreu. A dor e o amor têm ambos uma energia transformadora: "O amor, simultaneamente belo e doloroso, escancara a consciência, ampliando-a e levando-a a fundir-se finalmente com o amor divino, enobrecendo a alma" (SANFORD, 1998, p. 203). E para explicar que Jesus, ao vencer o ódio na cruz, também transformou a consciência humana, Sanford recorre aos resultados da pesquisa sobre a evolução das espécies: "Há cada vez mais comprovações de que, tão logo um membro de uma determinada espécie tenha conseguido uma adaptação biológica ou uma nova consciência, imediatamente essa conquista se torna disponível para outros indivíduos da mesma espécie, mesmo quando estes não tenham tido contato direto com o 'pioneiro' [...] De modo semelhante podemos imaginar ter-se difundido a consciência de Cristo no mundo espiritual, fazendo avançar consideravelmente nossas possibilidades de ampliação da consciência e de aprofundamento de nossa relação com Deus" (p. 206). Ao tornar o amor ao inimigo visível para toda a humanidade graças a sua morte na cruz, Jesus introduziu algo de novo no mundo. Cegos como estávamos para o vigor do amor, Ele nos abriu os olhos para um amor que vence até o ódio.

Jesus não só pregou o amor ao inimigo, mas também viveu-o exemplarmente, mostrando-nos assim caminhos concretos para colocá-lo em prática. O evangelista Lucas sempre teve o desejo profundo de traduzir concretamente para o cotidiano tudo o que Jesus exigia. Assim exprime Lucas o que Jesus disse: "Eu digo a vocês que me escutam: amem aos seus inimigos, e façam o bem aos que odeiam vocês. Desejem o bem a quem os amaldiçoam, e rezem por aqueles que caluniam vocês" (Lc 6,27). Portanto, há três modos de comportar-se para pôr em prática o amor ao inimigo. O primeiro é fazer o bem a quem nos odeia. Ao fazermos o bem a quem nos odeia, nós abalamos sua sensação de segurança, fazendo esboroarem-se os muros de inimizade atrás dos quais ele se escondera. O bem pode desencadear nele um processo de transformação. Se o tratamos bem, ele de repente deixará de sentir-se nosso inimigo. Nossa amizade pode assim transformar sua inimizade em amizade.

A segunda modalidade de atitude consiste em desejar o bem a quem nos amaldiçoa, nos calunia, nos fere. Em cursos que ministro faço o seguinte exercício: cada um dos participantes é chamado a escolher uma pessoa que o tenha ferido ultimamente. E, em seguida, abençoá-la. Uma senhora me disse ser-lhe impossível, pois o homem a tinha ferido demasiado profundamente. Eu lhe respondi que devia tentar assim mesmo, por uma vez que fosse. Ela ergueu-se, levantou suas mãos em forma de bênção e pôs-se a imaginar que a bênção de Deus escorria por suas mãos até aquele homem. E então disse: "Eu deixei de lado o papel de vítima. Parei de lamentar como era mau aquele homem. Levantei-me e enviei uma energia ativa para ele. Isso fez bem a mim também". Podemos exercitar uma bênção assim a cada manhã, abençoando quem conosco vive, conosco trabalha ou mesmo aqueles que achamos difíceis de tratar. Isso transformará nosso cotidiano. Perceberemos nessa bênção o amor a escorrer para o outro e, simultaneamente, a fazer bem também a nós. E notaremos a sua força revolucionária, detonando relações petrificadas e substituindo-as por uma nova qualidade de convivência.

O terceiro caminho para concretizar nosso amor ao inimigo consiste em rezar por quem nos feriu. Meu dever é de rezar por essa pessoa – e não contra ela. Se rezo para que outrem finalmente compreenda que a razão está comigo e que foi ele/ela quem me feriu, o que estou fazendo é rezar contra essa pessoa. Rezar por ela significa que lhe desejo ficar em paz consigo mesma, que Deus a impregne com seu amor e a harmonize consigo mesma. A oração pela outra pessoa também a levará a se transformar. Mudarei meu modo de tratá-la. E frequentemente somente isso provocará uma transformação nela, pois notará com que atitude nós a trataremos. Se nós a rejeitamos internamente, ela também nos rejeitará. Se, na oração, conseguimos nos abrir interiormente para ela, ela também se abrirá para nós, possibilitando assim uma nova convivência.

Portanto, o amor ao inimigo não é nada impossível. Se o praticarmos no sentido de Jesus, estaremos realizando uma revolução do amor, pois estaremos pondo em xeque os critérios desse mundo. Assim se rompe o círculo vicioso (em alemão, *Teufelskreis*, círculo diabólico) de ódio e contra-ódio, violência e contra-violência. Maria entoou, com seu "Magnificat", um maravilhoso hino a essa revolução do amor, usando imagens maravilhosas: "Deus derruba do trono os poderosos e eleva os humildes; aos famintos enche de bens e despede os ricos de mãos vazias" (Lc 1,52). A teologia latino-americana da libertação redescobriu para si esse hino revolucionário de Maria. Graças a ele, resgatou a esperança de que o amor supera as estruturas de poder nesses países. E a história deixou comprovado que o hino de Maria, tão alegremente cantado por essas pessoas, já mudou alguma coisa naqueles lugares do planeta. Já o cantar do hino é, em si, uma revolução perante a qual os poderosos se veem impotentes.

3 Impulsos de crescimento propiciados pelo amor

Extraídos da Bíblia em diálogo com a filosofia grega, esses pensamentos sobre o amor não estão voltados unicamente ao objetivo de enriquecer nossos conhecimentos. Eles também procuram nos estimular a transformar nossa vida. Eles apontam, por sua própria dinâmica intrínseca, para a aplicação concreta em nossa vida e em nossa evolução espiritual e humana. A seguir, indicarei apenas alguns setores que deveríamos contemplar desde a perspectiva do amor como poder universal. Também desejo esclarecer a forma com que uma nova concepção do amor enquanto energia fundamental de nosso mundo poderia inserir uma nova qualidade de convivência neste mundo.

A Física Quântica

Vejamos em primeiro lugar a Física Quântica. Hoje em dia, ela abre a nossa visão para o fato de que, no fundo da matéria, predomina uma espécie de amor, pois as partículas subatômicas revelam, de alguma forma, tomar conhecimento uma da outra. Lá existe entre elas uma interligação não causal e não localizável. Ao que tudo indica, há um campo universal em que tudo está interligado. E em última instância a energia que interliga todas as partes é o amor. Isso significa ainda que o amor por nós vivenciado enquanto seres humanos também tem efeito sobre o cosmos. Formamos uma unidade com o cosmos. E temos uma responsabilidade para com o cosmos. Deixando-nos dominar por ódio e amargor, estaremos prejudicando nosso mundo em volta, não só o mundo humano, mas também o mundo material. E vice-versa. Deixando-nos impregnar pelo amor, estaremos influenciando o cosmos de maneira salutar. Aqui fica patente nossa responsabilidade para com o mundo. Não é questão de um prazer particular o fato de vivermos ou não o amor. Nosso amor tem um efeito que atinge de forma positiva até mesmo a matéria. E nosso ódio, por sua vez, influencia negativamente o mundo à nossa volta.

Evolução

Na teoria evolucionista de Darwin, tudo girava em torno da questão da sobrevida do mais forte e mais hábil. Graves consequências podem-se extrair dessa posição, como de fato ocorreu no Terceiro Reich alemão. Nessa visão, só sobrevive quem supera os demais com seu poder. A ideologia nazista instrumentalizou essa teoria para sua política misantrópica. Contudo, Gerald Hüther e Maik Hosang demonstraram, em sua contribuição para este volume, que tal concepção não observa a devida justiça para com o pesquisador Darwin. Pois Darwin, ele próprio, já havia reconhecido não ser apenas a energia do mais forte que assegura a sobrevivência, mas também e sobretudo a ligação com os demais. Hoje em dia, os pesquisadores corroboram esse outro aspecto da concepção darwinista, acentuando que os animais e os vegetais que sobreviveram foram principalmente os que não negligenciaram o cuidado dos demais animais e vegetais. Portanto, também a partir da pesquisa evolucionista pode-se compreender que o amor era a energia que levou adiante a evolução, e ainda hoje a leva. E quando nos referimos à evolução da consciência, também devemos ver a necessidade do amor para desenvolver a consciência de cada um e, assim, por seu intermédio, contribuir para um mundo mais humano.

Proteção ambiental

Hoje em dia, estão todos de acordo quanto à necessidade de proteger o meio ambiente e de preservar a terra de um excessivo aquecimento, sob pena de graves consequências para nossa vida. Muitas regiões litorâneas ficariam submersas. O clima sofreria alterações radicais, causando séria deterioração às nossas condições de vida. Contudo, está claro que a compreensão puramente racional da necessidade de protegermos nosso meio ambiente não leva automaticamente a uma mudança de comportamento. E admoestações meramente moralizantes provocam, no máximo, um remorso de consciência, ao invés de mudança na maneira de lidar com a criação. Necessário é uma base espiritual para vivenciarmos a natureza de outra forma e, consequentemente, passarmos a tratá-la diferentemente. O trato espiritualizado da criação permite desvendar nela o espírito e o amor de Deus. Pois tudo – matéria, mundo vegetal, mundo animal – é criatura de Deus, impregnada do seu amor. O que Teilhard de Chardin escreveu sobre o meio ambiente divino, com sua marca indelével em toda a criação, pode nos ajudar a adotar um tratamento mais atencioso e cuidadoso com ela.

Por certo a espiritualidade, por si só, não levará qualquer pessoa a essa mudança. É preciso acrescentar mais uma abordagem nova: a da beleza. Precisamos desenvolver uma maneira de sentir a beleza da criação. Ao admirá-la, torno-me mais cuidadoso no trato com ela. A sua beleza não pode constituir uma posse minha. É necessário adotar uma atitude contemplativa, ficar na mera admiração, deixá-la ser beleza. Assim poderei tratar a natureza com cuidado.

Em ambas as descrições bíblicas da criação nos é apresentada a beleza da mesma. E no final, a Bíblia reza: "E Deus viu tudo o que havia feito, e tudo era muito bom" (Gn 1,31). Os gregos traduzem "bom" por *kalós* = belo. Visto que o mundo é belo, nós o tratamos bem. É contra a alma humana destruir algo que seja belo. O belo tende a ser contemplado e protegido. Eis por que, na segunda narrativa da criação, que versa sobre o Jardim do Éden, está a seguinte constatação: "Javé Deus tomou o homem e o colocou no Jardim do Éden, para que o cultivasse e guardasse" (Gn 2,15). Na Antiguidade, o jardim era o protótipo da beleza. Portanto, a tarefa do ser humano consiste em guardar o belo. Cultivando o jardim, ele o torna ainda mais bonito. A criatividade com que Deus dotou o ser humano tem por tarefa tornar o mundo mais belo. A beleza sempre tem a ver com o amor. O amor da beleza transforma nosso mundo em um mundo belo, no qual nos sentimos em casa.

O diálogo das religiões entre si

Outra consequência concreta se depreende do amor enquanto energia universal a pervadir o mundo inteiro: o respeito recíproco das religiões. Todas estão convencidas de que o fundamento original do mundo é o amor. O budismo fala em "com-paixão" com tudo o que existe. O comportamento da pessoa para com a criação só é correto quando pautado pela compaixão – com as pedras, as plantas, os animais. Os diferentes sinos acionados durante os cultos budistas têm por finalidade despertar o amor em cada um dos setores da criação. E também no islã, particularmente na mística sufista, existem escritos admiráveis sobre o perfume do amor a permear todo o nosso organismo com nossa respiração. Enquanto cristãos, nos é dado aceitar esses maravilhosos textos sufistas como uma dádiva e meditar sobre eles, pois confirmam nossa visão cristã de que Deus é amor e que o amor de Deus pervade o mundo inteiro. Jesus inculca repetidamente nos seus discípulos: "Amem-se uns aos outros, como eu amei vocês" (Jo 15,12).

Se nos compenetramos de que esse amor constitui o fundamento de todas as religiões, então temos aí uma boa base para o diálogo. Cada religião tem sua visão própria desse amor. Isto é legítimo. Não se trata de misturar as religiões umas às outras. Há vários modelos de interpretação e diferentes modos de pensar. Mas o ponto decisivo é que, atrás de todos esses conceitos e imagens, o amor aparece como um poder que constitui a base para todas elas. Se nos posicionarmos conscientemente, em conjunto, baseados no amor, já não nos incomodaríamos com as diferentes interpretações e deixaríamos de combater-nos uns aos outros. A luta das religiões sempre advém do medo. O amor une os contrários. Em cada um de nós coexistem fé e descrença. Somente abraçando ambos os lados com amor teremos uma atitude aberta e tolerante perante as outras religiões. Se, pelo contrário, continuarmos fixados em conceitos, em vez do amor, recalcando nossa descrença dentro de nós mesmos, então nos vemos coagidos a compensar externamente esse recalque atacando os que professam crença diferente. Pois eles nos tornam conscientes de nossa própria descrença, que preferimos encobrir para evitar que aumente nossa insegurança. O amor, porém, não se deixa abalar. Como diz Paulo: "O amor tudo desculpa, tudo crê, tudo suporta" (1Cor 13,7).

Um novo modo de entender a Redenção

Um ponto controverso que frequentemente causa discórdia entre as religiões se refere ao modo de ver a Redenção. Para os cristãos, trata-se do ponto central de sua fé: Cristo os redimiu. E no entendimento comum que se tem da Redenção, Cristo nos redimiu de nossos pecados, expiando nossa culpa na cruz. O cristianismo distingue-se das demais religiões por ser uma religião redencionista (salvacionista). As outras religiões apontam caminhos para Deus. Mas somente no cristianismo a Redenção ocorre por Jesus Cristo. Entretanto, não se deve erguer uma oposição absoluta entre a religião cristã redencionista e as demais religiões, pois estas também têm referência à redenção. Teólogos cristãos objetam que, nelas, a redenção não passa de autorredenção. No entanto, também nas outras religiões quem, em última análise, redime é igualmente Deus, que é quem liberta os seres humanos de sua prisão interna e dos laços que os prendem ao pecado e à culpa.

Como cristãos acreditamos que, na cruz de Jesus Cristo, a Redenção se torna visível em sua maior pureza e clareza. O Evangelho de Jesus vê como essencial na Redenção o fato de que Cristo na cruz nos amou em toda a plenitude. Na cruz, seu amor impregnou e transformou todo o ser humano, mesmo a maldade dos assassinos, tal como esta se tornou visível na cruz. João refere que, na cruz, Jesus foi glorificado. Eis o paradoxo: a glória de Deus, a beleza de Deus se revela justamente no fato de que alguém é barbaramente assassinado. Mas, para João, beleza e amor são idênticos. Ora, a beleza e o amor aparecem exatamente lá onde reina desenfreadamente o ódio entre as pessoas. Essa é a força revolucionária do amor, atingindo inclusive a extrema brutalidade em seu próprio âmago, transformando-a.

O amor se derrama sobre todo o mundo desde a cruz e do lado aberto pela lança do soldado. Plenamente visível na cruz para todo mundo, o amor de Jesus se espalhou por toda parte e transformou desde então a consciência humana. Esse amor – é o que podemos dizer com base na Física Quântica, na pesquisa da evolução das espécies e na pesquisa do cérebro – difunde-se por todo o mundo e muda os pressupostos de nosso pensar. Ele transformou o universo no fundo de nosso ser. Visível em Jesus Cristo, o amor não pode mais ser cancelado. Ele mudou o mundo. É uma força que restabelece o ser humano em sua própria relação com Deus, curando sua alma. Poder-se-ia dizer: como nenhum outro acontecimento anterior ou posterior, a cruz mudou e transformou a consciência humana. Quando o amor transpassa uma pessoa com a clareza do que ocorreu com Jesus, também a consciência da humanidade em geral é atingida. Desse amor deriva um movimento inestancável. O espírito que Jesus entregou a todos os homens na cruz derrama-se sobre todos os setores do pensar e sentir humanos, tornando-se assim para todas as pessoas uma fonte de salvação e de saúde, de transformação e ampliação da consciência humana. E esse amor a escorrer da cruz para todo mundo dirige-se a todos os seres humanos. A morte de Jesus na cruz tem um significado para toda e qualquer pessoa. Mudou os pressupostos de todos os seres humanos. Todas as pessoas nascem num mundo preexistente a elas, um mundo no qual o amor de Jesus está espraiado desde a cruz até os confins da Terra, um mundo impregnado do amor de Jesus.

O evangelista Lucas tem uma outra concepção de Redenção. Ele a desenvolve principalmente no diálogo com a filosofia grega. Sua referência é a obra de Platão, que, quatrocentos anos antes de Cristo, colocou a questão da pessoa verdadeiramente justa. Este é o anseio dos gregos: o de que as pessoas sejam verdadeiramente justas. No entanto, observa Platão, no momento em que neste mundo injusto aparece uma pessoa íntegra e justa, ela é logo tocada para fora da cidade com os olhos vendados e pregada à cruz. Jesus é esse homem verdadeiramente justo, pelo qual ansiavam os gregos. O oficial do exército reconheceu isso junto à cruz na hora da morte de Jesus: "De fato! Esse homem era justo" (Lc 23,47). A justiça de Jesus revela-se no fato de que ele nem mesmo na cruz se deixa separar de seu amor. Ele perdoa seus assassinos rezando: "Pai, perdoa-lhes! Eles não sabem o que estão fazendo!" (Lc 23,34). Ele mostrou seu amor para com o criminoso à sua direita, prometendo-lhe: "Hoje mesmo estarás comigo no Paraíso" (Lc 23,43). Seu amor também se manifesta em suas últimas palavras. Ao morrer, Jesus se entrega com uma expressão de amor nas mãos amorosas do Pai: "Pai, em tuas mãos entrego o meu espírito" (Lc 23,46). Nem a morte conseguiu separar Jesus do amor. Ao contrário: a morte é a realização plena do amor. Na morte, Jesus se unifica com o amor do seu Pai. Aqui também o amor está em ação como a força mais forte do que a morte, transformando inclusive a própria morte. Lucas entende por Redenção o ato que torna a pessoa verdadeiramente justa. Para Platão, a justiça significa que a pessoa está em correspondência com sua essência. E para os gregos esta consiste, segundo a célebre expressão de Antígona, no drama de Sófocles: "Não existo para conviver odiando, mas sim para conviver amando". É então que estaremos verdadeiramente redimidos, perseverando na justiça até a morte, mantendo-nos fiéis à nossa natureza de pessoas que amam e que não permitem serem privadas desse amor nem pelo ódio das outras pessoas nem por necessidades interiores, nem mesmo pela morte.

Espiritualidade

A espiritualidade cristã é, antes de mais nada, uma espiritualidade do amor. O que a espiritualidade almeja é que nos deixemos impregnar cada vez mais pelo amor de Jesus. Teilhard de Chardin usa a expressão "diáfanos", ou seja, transparente para o amor de Cristo. Este amor deve se manifestar em seguida no amor ao próximo, e também, justamente, no amor ao inimigo. O amor deve superar toda inimizade. Jesus compara o amor ao inimigo com o sol que brilha por igual para bons e maus. Nesse sentido, devemos fazer brilhar o sol de nossa consciência tanto sobre o bem como sobre o mal que estão dentro de nós. O sol é capaz de derreter também o que está gelado em nós e de arrebentar o que está petrificado.

O amor anunciado por Jesus não tem limites. Dirige-se a todas as pessoas, independentemente da confissão de fé à qual adere. Jesus identifica-se com cada pessoa, declarando: "Eu estava com fome e vocês me deram de comer; eu estava com sede, e me deram de beber; eu era estrangeiro, e me receberam em sua casa; eu estava sem roupa, e me vestiram; eu estava doente, e cuidaram de mim; eu estava na prisão, e vocês foram me visitar" (Mt 25,35ss.). O amor pratica-se em razão de si mesmo, sem segundas intenções. Foi o que sempre tem fascinado as pessoas, e sobretudo Immanuel Kant, mas também ateus. Esse texto é de importância ainda para o diálogo com outras religiões. O amor que Jesus exige dos cristãos abarca todos os seres humanos, não importa a religião que professem. E é uma exigência igualmente compreendida por outras religiões. Quem quer que exerça o amor para com as outras pessoas está cumprindo o preceito de Jesus, consciente ou inconscientemente. E nessa pessoa ele também encontra Jesus Cristo, mesmo sem nunca ter ouvido falar nele.

Mas quanto ao amor ao inimigo e ao amor a cada pessoa, somente seremos bem-sucedidos se amarmos tudo o que nos é estranho ou adverso. Eis por que a espiritualidade também consiste em que apresentemos a Deus todos os nossos aspectos negativos, nossos sentimentos de vingança, inveja, ciúme e os deixemos ensopar de amor a Deus. Quanto tudo estiver impregnado de amor e por ele transformado, aí sim seremos capazes de amar cada pessoa, pois em cada pessoa também nos encontramos a nós mesmos. É assim que Martin Buber traduz a exigência de Jesus – "Ame o próximo como a si mesmo" – ao escrever as palavras: "Ame o próximo. Pois *isto* é você mesmo" (*Denn* das *bist du selbst*). Também podemos traduzir assim: "Ame o seu próximo enquanto sendo você mesmo". Pois no próximo você se encontra a si mesmo. Há algo que une o próximo e você um ao outro. Este algo é o amor, que em todos nós habita essencialmente (*Liebe, die in uns allen west*).

Modo de agir ante a violência

Na era do terrorismo, rompendo com todos os critérios humanos e desprezando inclusive o menor traço humanitário, a mensagem do amor fica parecendo uma fuga da realidade cruel de nosso mundo. No entanto, é justamente nessa situação que seria importante compenetrar-se da necessidade do amor. Sentimos frequentemente em nós a vontade de vingança, ao ouvirmos notícias de atentados bárbaros. Ao mesmo tempo, porém, sabemos que a violência não pode ser superada com violência. Violência sempre gera violência. Só poderá ser superada com amor. É o que vemos na cruz de Jesus. Ele não respondeu à violência do poder militar romano com ódio ou sentimentos de vingança, mas sim com amor. Entre os discípulos de Jesus também havia zelotes, que como todos os zelotes buscavam expulsar os romanos recorrendo a meios violentos. Continuamente realizavam atentados contra a ocupação romana. Estes, porém, de nada adiantaram. Jerusalém acabou reduzida a cinzas. Jesus seguiu um outro caminho. Ele viu a injustiça reinante na Palestina daquele tempo. Mas sua recomendação consistiu em transformar o inimigo em amigo. É assim que se deve interpretar sua instrução: "Se alguém obriga você a andar um quilômetro, caminhe dois quilômetros com ele!" (Mt 5,41). Os soldados romanos, enquanto executores das forças de ocupação, tinham o direito de obrigar cada judeu a acompanhá-los por um quilômetro, para carregar-lhe a mochila ou indicar-lhe o caminho. Frequentemente os judeus o faziam, embora cerrando os dentes. Jesus diz, substancialmente: "Ande de boa vontade dois quilômetros com o soldado romano; neste tempo você poderá conversar com ele, e durante a caminhada poderá tornar-se seu amigo". Com isso, estará superada a inimizade. O amor, como Jesus o entende, possui uma energia criativa. Esta supera modos esclerosados de comportamento, derrotando os muros que separam raças e países ou forças de ocupação e áreas ocupadas, lançando para ambos os lados em confronto laços de união benfazejos. Jesus não fala de amor em tom moralizante, mas sim de amor como uma possibilidade para experimentar novos caminhos de convivência.

Política

Muita gente considera a política como um negócio sujo. Mas se eu considerar a política de modo tão negativo, nada poderei esperar dela. A experiência histórica nos ensina que a política só enveреda por novos caminhos e supera velhas barreiras quando o amor participa do jogo. Veja-se como se superou o *apartheid* na África do Sul. Mandela foi uma pessoa movida por espiritualidade, que na prisão não se deixou amargurar mas, ao contrário, permaneceu no amor. No final, esse amor superou a barreira entre pretos e brancos.

De modo semelhante, Martin Luther King considerava o amor desarmado como a única arma capaz de superar o ódio. Ele exclamou em direção a seus adversários: "Façam o que quiserem conosco. Lancem-nos na prisão, e nós vamos amar vocês assim mesmo! Lancem bombas sobre nossas casas, ameacem nossos filhos, nós vamos amar vocês assim mesmo!" Com esse amor, Martin Luther King conseguiu muita coisa, mesmo tendo de pagar com sua vida o amor que oferecia, quando foi mortalmente baleado por um jovem branco. Mas o fato de que, mais tarde, um presidente de pele negra pôde ser eleito presidente dos Estados Unidos foi também um resultado desse amor, do qual Martin Luther King nunca se deixou afastar por qualquer inimizade ou resistência.

O Muro de Berlim não foi derrubado por tanques de guerra, mas sim por velas, cujas chamas tornaram o amor algo vivenciável. E também a reconciliação entre a Alemanha e a França só se conseguiu porque houve políticos que, com base na fé, deram mais chances ao amor do que ao poder militar. Sempre demora muito até que o amor supere todos os preconceitos. Mas hoje podemos reconhecer que o amor derrubou muitas barreiras entre alemães e franceses. E atualmente, a adesão convicta em prol do amor tornou-se uma necessidade vital para que todas as frentes de combate se dissolvam e a reconciliação entre os povos se torne possível.

Educação

De nada adiantam todos os métodos de educação e novos conhecimentos da psicologia do desenvolvimento se não educarmos as crianças com amor. O amor é o espaço que as crianças necessitam, de modo absoluto, para poderem se desenvolver. Na Idade Média realizou-se um experimento fatal que nunca mais se repetiu. O Imperador Frederico I, chamado Barbarossa (1122-1190), queria saber qual era a língua original do ser humano. Para tanto, deu-se a duas crianças todo o necessário para viver, mas ninguém podia falar com elas. O objetivo era saber quais palavras elas falariam por si sós. Mas as crianças nunca começaram a falar. E assim morreram. Sentir-se interpelados por alguém é um aspecto essencial do amor. Esse sentimento se transmite por meio do olhar, por certo, mas também pela palavra, pela voz. Quando uma criança não se sente abordada com amor, ela não poderá viver. Somente dentro do espaço do amor é que ela consegue evoluir. O cérebro também só pode se desenvolver em ligação com os pais, ou seja, lá onde se sente envolto em amor.

Há uma história célebre de origem chassídica sobre um pai que, desesperado com a agressividade e recalcitrações do filho, decidiu levá-lo a um rabino para que este o reeducasse. Para o pai, o filho deveria ser tratado com dureza e rigor, pois já estava praticamente perdido. O rabino, entretanto, não acatou os conselhos do pai e, em vez disso, abraçou longamente o filho, até notar que a couraça sentimental em que o filho havia se envolto começava a ceder e a tornar-se permeável ao amor. Ao perceber que o filho já aceitava o amor oferecido, o rabino suspendeu o abraço e devolveu ao pai um filho manso e tranquilo. O amor havia transformado o filho, reconduzindo-o ao seu próprio jeito natural. Eis o essencial na educação: despertar a criança do estado inconsciente e conduzi-la à figura ímpar e singular a que é chamada pessoalmente. Em termos teológicos: educar significa fazer brilhar cada vez mais a imagem que Deus dedicou para cada criança.

Mística

O futuro de uma espiritualidade que ligue todas as pessoas umas às outras está na mística. Mística existe em todas as religiões. E, em todas as religiões, os místicos fazem experiências similares, muito embora as interpretem na respectiva linguagem de sua própria religião. Mas a experiência fundamental de qualquer místico é, em última instância, a mesma: no fundo do ser encontra-se o amor. Evagrius Pôntico, místico cristão do século IV, descreve especificamente, por um lado, a mística da natureza (em grego: *theoría physike*) (EVAGRIUS, 1997, p. 16s.). Trata-se de descobrir Deus onipresente na natureza e perceber, bem como sentir, que nela o que existe de mais profundo é o amor. Por sua vez, ele também trata da mística como contemplação da Santíssima Trindade. Para Evagrius, a Trindade é o mistério do amor que existe no próprio Deus. Essa experiência só pode ser feita pela pessoa que se tenha esvaziado completamente de si mesma. Só então ela se habilita a unificar-se com o amor que é Deus.

Essa unificação ocorre no fundo da alma. Segundo Evagrius, é esse o "lugar de Deus", do qual fala a Bíblia. É o espaço do silêncio em que o próprio Deus habita. Nesse espaço interior nos unimos a nós mesmos. É onde ficamos livres das aspirações e das expectativas das pessoas. Ali estamos a salvo, íntegros. As feridas não penetram nesse espaço. Nele nos encontramos em nosso estado primitivo e autêntico. Somos puro ser, sem necessitar de justificativas ou comprovações. Para Platão, Deus é o ser puro e simples. E sendo pura e simplesmente, também nós nos encontramos em consonância com o nosso modo de ser mais íntimo e em união com todos os seres humanos. O ser puro e simples nos interliga a todos os seres da Terra, com as pessoas, animais e plantas, com todo o cosmos.

A meditação cristã acata a prece de Jesus como chave que nos abre a porta para o mistério sem palavras de Deus. É um espaço do silêncio e do amor. Mas no fundo de nossa alma esse amor é mais do que uma sensação. Ele é a qualidade do ser. É a razão mais profunda do ser deste mundo. Ao mesmo tempo, é uma fonte de amor da qual nos é dado haurir e alimentar nossas sensações de amor.

Observação final

O cristianismo, como religião do amor ao próximo, revolucionou a sociedade na Antiguidade. Mas esse mesmo cristianismo teve de presenciar o fato de que o amor por ele propagado fosse sendo cada vez mais restringido e instrumentalizado pelas estruturas. Apesar de, desde séculos, terem sido publicados numerosos livros sobre o amor, ainda não conseguimos ampliar o espaço para o amor em nós e nas pessoas. Há certamente muitas razões para esse fato, pois a revolução do amor ainda não se realizou da maneira como Jesus a concebeu. Quando crianças são tratadas como objeto, também elas tratarão outras pessoas como objetos. Mas amar significa ver as outras pessoas como sujeitos, amá-las sem condições. Foi o que nos transmitiu o Batismo: a consciência do amor incondicional com que Deus nos ama. Internalizando essa mensagem, estaremos em condições de nos aceitar incondicionalmente um ao outro, uma à outra. Essa é a condição para que a revolução do amor seja bem-sucedida.

Por métodos moralizantes não conseguiremos ampliar o espaço do amor. Para mim, é mais útil recordar que o amor já está em nós, que ele é em cada pessoa a própria razão do seu ser, o fundo de seu ser e de sua alma. Contudo, tantas vezes caímos fora do espaço do amor e transformamos as pessoas e o mundo à nossa volta em objetos de satisfação de nossas necessidades. Mas o amor morre em mim quando coisifico as demais pessoas.

Deveríamos ter confiança no amor que já está em nós, que é a razão mais profunda de toda a criação. Não devemos querer recriar o amor à força. Ao contrário, deveríamos abrir os olhos e confiar no amor que há em nós, que vem ao nosso encontro no olhar das crianças e que percorre todo o cosmos. Ao confiarmos no amor – como Jesus, Buda e outras grandes personalidades, verdadeiros modelos desse amor – e nele reconhecermos a razão e o sentido do ser, ou mesmo vermos nele o próprio Deus, aí sim a revolução do amor será bem-sucedida. Não de imediato nem em todo o mundo, mas o amor já está desenvolvendo seu potencial em nós e entre nós. Ao reconhecermos que todas as religiões, filosofias e culturas têm nesse fundo de amor seu ponto de partida e se concebermos essa diversidade de caminhos não como adversidade, mas, sim, como corroboração recíproca para juntos nos libertarmos de nossos aspectos sombrios, então sim cada vez mais pessoas, famílias, escolas, localidades, empresas e instituições estarão perpassadas pelo amor. Então aí sim surgirá um mundo de amor que atrai cada vez mais pessoas à sua órbita.

Nesse sentido nós, os três autores, desejamos que com nossos pensamentos sobre o amor também se tornem visíveis os caminhos que possibilitam a expansão do infinito potencial de amor existente em nós e ao nosso redor, caminhos que evitem sairmos facilmente da senda do amor, mas que nos levem a permanecer no amor, conservando e embelezando este mundo com amor e de modo cocriativo.

Referências

Parte 1 Gerald Hüther – A importância do amor para a hominização do macaco

ENGELS, F. *Der Anteil der Arbeit an der Menschwerdung des Affen* (*O papel do trabalho na hominização do macaco*). Berlim, 1951 [reimpressão da edição original de 1876].

KOESTLER, A. *Der Mensch* – Irrläufer der Evolution (*O ser humano* – Um descaminho da evolução). Berna/Munique, 1978.

LORENZ, K. *Das sogenannte Böse* – Zur Naturgeschichte der Aggression (*O assim chamado mal* – Contribuição para a história natural da agressão). Viena, 1968.

Parte 2 Maik Hosang – De que maneira uma revolução do amor poderá ser bem-sucedida?

BLAFFER HRDY, S. *Mütter und andere*: Wie die Evolution uns zu sozialen Wesen gemacht hat (*Mães e outros seres*: De como a evolução nos tornou seres sociais). Berlim, 2010a.

______. *Mutter Natur*: Die weibliche Seite der Evolution (*Mãe natureza*: O lado feminino da evolução). Berlim, 2010b.

CALDWELL, T. *Aspasia* (*Aspásia*). Munique, 1988.

DE WAAL, F. *Chimpanzee Politics*: Power and Sex Among Apes (*Política de chimpanzés*: Poder e sexo entre macacos). Baltimore, 1998.

DURKHEIM, É. *Über soziale Arbeitsteilung*. Studie über die Organisation höherer Gesellschaften (*Sobre a divisão social do trabalho.* Estudo sobre a organização de sociedades avançadas). Frankfurt, 1999.

EL FEKI, S. *Sex und die Zitadelle*: Liebesleben in der sich wandelnden arabischen Welt (*Sexo e cidadela*: a vida de amor no mundo árabe em transição). Munique, 2013.

FOUCAULT, M. *Mikrophysik der Macht* (*Microfísica do poder*). Berlim, 1976.

FRANKL, V.E. *Das Leiden am sinnlosen Leben* (*O sofrimento causado por uma vida sem sentido*). Friburgo, 2013.

FREDERICKSON, B. *Die Macht der Liebe*. Ein neuer Blick auf das größte Gefühl (*O poder do amor.* Uma nova visão sobre o maior dentre os sentimentos). Frankfurt, 2014.

FROMM, E. *Haben oder Sein.* Die seelischen Grundlagen einer neuen Gesellschaft (*Ser e ter*. As bases psíquicas de uma nova sociedade). Munique, 1979.

______. *Die Kunst des Liebens* (*A arte de amar*). Frankfurt, 1956.

GERHARDS, J. *Soziologie der Emotionen* (*Sociologia das emoções*). Munique, 1988.

GHOSE, A. *Die Synthese des Yoga* (*A síntese do Yoga*). Gladenbach, 1991.

GIMBUTAS, M. *Die Sprache der Göttin*. Das verschüttete Symbolsystem der westlichen Zivilisation (*A linguagem da deusa*. O sistema simbólico enterrado da civilização ocidental). Frankfurt, 1995.

GÖTTNER-ABENDROTH, H. *Das Matriarchat*. Geschichte seiner Erforschung (*O matriarcado*. História de sua pesquisa). Stuttgart, 2010.

HALÍK, T. *Ich will dass du bist* (*Eu quero que tu sejas*). Friburgo, 2015.

HESSE, H. *Narziss und Goldmund* (*Narciso e Boca d'Ouro*). Frankfurt, 1993.

HOSANG, M. et al. *Die emotionale Matrix* (*A matriz emocional*). Munique, 2005.

HÜTHER, G. & HOSANG, M. *Die Freiheit ist ein Kind der Liebe – Die Liebe ist ein Kind der Freiheit* (*A liberdade é uma filha do amor – o amor é um filho da liberdade*). Friburgo, 2014.

HUXLEY, A. *Eiland* (*O ilhote*). Munique, 2006.

LOTZE, R.H. *System der Philosophie.* Ontologie, Kosmologie und Psychologie (*Sistema da filosofia.* Ontologia, cosmologia e psicologia). Leipzig, 1879.

MASLOW, A. *Bedürfnispyramide* (*Pirâmide das necessidades*), 1981.

MATURANA, H. *The Origin of Humanness in the Biology of Love* (*A origem da especificidade humana na biologia do amor*). Charlottesville, 2009.

______. Matristische und patriarchale Konversationen (Conversas matriciais e patriarcais). In: MATURANA, H. & ZÖLLER, G. *Liebe und Spiel.* Die vergessenen Grundlagen des Menschseins (*Amor e jogo.* As bases olvidadas do ser humano). Heidelberg, 1994.

McTAGGART, L. *Das Nullpunkt-Feld.* Auf der Suche nach der kosmischen Ur-Energie (*O campo do ponto zero.* Em busca da energia cósmica primitiva). Munique, 2007.

MEADOWS, D.; MEADOWS, D. & RANDERS, J. *Limits to Growth*: The 30-Year Update (*Os limites do crescimento*: atualização 30 anos depois). Chelsea, 2004.

ROUSSEAU, J.-J. Essay über den Ursprung der Sprachen, worin auch über Melodie und musikalische Nachahmung gesprochen wird (Ensaio sobre a origem das línguas, em que se comentam também a melodia e a imitação musical). *Musik und Sprache* (*Música e linguagem*), 2002.

SCHELER, M. *Von Wesen der Philosophie* (*Da essência da filosofia*), 1917 [reedição: *Von der Ganzheit des Menschen* (*Do ser humano em sua integralidade*). Bonn, 1991].

______. *Liebe und Erkenntnis* (*Amor e conhecimento*), 1916 [reedição: *Von der Ganzheit des Menschen* (*Do ser humano em sua integralidade*). Bonn, 1991].

SOROKIN, P. *The Ways and the Power of Love* (*Os caminhos e o poder do amor*). Boston, 1994.

TEILHARD DE CHARDIN, P. *Love and Happiness* (*Amor e felicidade*). Great Library Collection, 2015.

______. *Der Mensch im Kosmos* (*O ser humano no cosmos*). Munique, 1959.

WEBER, M. *Der Geist des Kapitalismus und die protestantische Ethik* (*O espírito do capitalismo e a ética protestante*). Weinheim, 1996.

Parte 3 Anselm Grün – O amor é a razão do ser

CONZELMANN, H. *Der erste Brief an die Korinther* (*A primeira carta aos coríntios*). Göttingen, 1969.

ECKEHART, M. *Deutsche Predigten und Traktate* (*Sermões e tratados alemães*). Munique, 1976.

GERLITZ, P. Liebe I Religionsgeschichtlich (Amor I na perspectiva da história das religiões). *TRE*, p. 122-128.

HIRSCHBERGER, J. Der Platonische Eros (O eros platônico). In: RABANUS MAURUS, Akademie. *Was heißt Liebe?* Zur Tradition eines Begriffes (*O que significa amor?* Sobre a tradição de um conceito). Frankfurt, 1982, p. 30-46.

LOTZ, J.B. Die Liebe als Herausforderung des Menschen (O amor enquanto desafio para o ser humano). In: RABANUS MAURUS, Akademie. *Was heißt Liebe?* Zur Tradition eines Begriffes (*O que significa amor?* Sobre a tradição de um conceito). Frankfurt, 1982, p. 9-29.

LUTZ, U. *Das Evangelium nach Matthäus* (*O Evangelho segundo Mateus*), I/3. Zurique, 1997.

PONTICUS, E. *Praktikos.* Über das Gebet (*Praktikos.* Sobre a oração). Münsterschwarzach, 1997.

RAHNER, K. Liebe (*Amor*). *SM*, III, p. 234-252.

SANFORD, J. *Das Johannesevangelium.* Eine tiefenpsychologische Auslegung (*O Evangelho segundo João.* Uma interpretação na ótica da psicologia profunda). Munique, 1998.

SCHERER, G. Liebe *x* Philosophisch (Amor *x* Perspectiva psicológica). *TRE*, p. 188-191.

TEILHARD DE CHARDIN, P. *Briefe an Frauen* (*Cartas para mulheres*). Friburgo, 1988 [ed. por Günther Schiwy].

______. *Das göttliche Milieu* (*O ambiente divino*). Olten, 1969.

______. *Lobgesang des Alls* (*Hino ao cosmos*). Friburgo, 1964.

Os autores

Anselm Grün nasceu em 1945 em Junkershausen, região do Rhön, Alemanha Ocidental. Após completar seus estudos secundários e pré-universitários em Würzbug, ingressou na Abadia de Münsterschwarzach, onde estudou inicialmente Filosofia e Administração de Empresas. Formou-se em Teologia em Roma, onde também fez seu doutorado. Na Abadia de Münsterschwarzach exerceu o cargo de tesoureiro, sendo responsável até 2013 pela base financeira das vinte empresas pertencentes à abadia.

É autor de cerca de 300 livros, sendo um dos mais lidos autores da atualidade. Suas obras estão traduzidas em 35 línguas, alcançando uma tiragem total de aproximadamente 20 milhões de exemplares. Além disso, realiza numerosos cursos na Alemanha e no exterior sobre temas espirituais, assim como seminários sobre direção de organizações.

Seu objetivo ideal consiste em levar às pessoas de hoje a riqueza da tradição cristã, principalmente a dos Padres do Deserto, por meio do diálogo com a Psicologia.

Gerald Hüther está entre os mais conhecidos pesquisadores do cérebro na Alemanha. Na prática, dedica-se à pesquisa neurobiológica preventiva no âmbito de diversas iniciativas e projetos. Escreve livros de não ficção, profere conferências, organiza congressos, trabalha como consultor para políticos e empresários, sendo também frequentemente convidado para programas de rádio e televisão. Nesse sentido, é um transmissor e aplicador de conhecimentos numa só pessoa.

Formou-se nas universidades de Leipzig e Jena, e trabalha desde 1979 no Instituto Max Planck de Medicina Experimental em Göttingen (Alemanha). Foi bolsista do Programa Heisenberg da Comunidade Alemã de Pesquisa e professor de Neurobiologia na Universidade de Göttingen, onde também foi diretor.

Em seu trabalho de difusão do saber, enfatiza a generalização e a aplicação de conquistas da moderna pesquisa sobre o cérebro. Ele concebe como seu o papel de construtor de pontes entre o saber científico e a práxis na vida social e, respectivamente, individual. O objetivo de suas atividades consiste em criar os pressupostos positivos para o desenvolvimento de potenciais humanos.

Maik Hosang estudou Filosofia, Psicologia, Teoria Social e Antropologia na Universidade Humboldt de Berlim. Estudos para sua pesquisa levaram-no para Moscou, Auroville (Índia) e San Francisco.

Hosang lecionou e ainda leciona em diversas universidades e escolas superiores. As disciplinas tratadas atualmente são Filosofia Cultural, Teoria Social e Pesquisa Transformacional na Escola Superior de Zittau/Görlitz (Alemanha).

É um dos iniciadores e curador do Festival Filosófico do Amor em Berlim, assim como autor e coautor de diversos livros sobre o complexo da filosofia cultural, antropologia, pesquisa transformacional e ciência do amor.